周华诚 ——— 著

德寿宫八百年

浙江人民出版社

图书在版编目（CIP）数据

德寿宫八百年 / 周华诚著. —杭州：浙江人民出版社，2022.10
ISBN 978-7-213-10741-2

Ⅰ. ①德… Ⅱ. ①周… Ⅲ. ①宫殿遗址—介绍—杭州 Ⅳ. ①K878.3

中国版本图书馆CIP数据核字（2022）第157532号

德寿宫八百年
DESHOUGONG BABAINIAN

周华诚　著

出版发行	浙江人民出版社（杭州市体育场路347号　邮编　310006）
	市场部电话：(0571)85061682　85176516
责任编辑	潘海林
责任校对	戴文英
责任印务	刘彭年
封面设计	沈阳路风尚广告有限公司
电脑制版	书道闻香
印　　刷	浙江海虹彩色印务有限公司
开　　本	880毫米×1230毫米　　　1/32
印　　张	10.5
字　　数	181千字
插　　页	4
版　　次	2022年10月第1版
印　　次	2022年10月第1次印刷
书　　号	ISBN 978-7-213-10741-2
定　　价	78.00元

南宋绍兴三十二年(1162)六月,位于临安府城内望仙桥附近的秦桧旧宅,经过不到两个月的改建,作为德寿宫正式启用,成为高宗"内禅"孝宗以后的住所。当月二十一日,高宗离开凤凰山大内(皇宫),入住德寿宫,自称"太上皇帝"。

高宗虽然退位,但凭他作为南宋王朝的奠基人和孝宗对他一月四朝等各种"孝心",仍然握有莫大权力,故时人称大内为"南内",称德寿宫为"北内"。德寿宫特殊的政治地位由此可见一斑。

德寿宫从外观来看,朴实无华。"建房廊于市",与"委巷厕溷"毗邻,入住这一天,宫门之外仍"污泥没膝",与普通民居并无太多不同。入内,占地并不比秦桧故第大了多少,既无巍峨壮丽、金碧辉煌的宫殿建筑群,也没有北宋汴京皇宫那样的豪华气派。即使主殿德寿殿,也颇显一般,甚至琉璃瓦也不用一片,完全体现了高宗反对"多事土木台观","正恐有害吾民"的一贯思想。

可是极目望去,可以看到这里亭、台、楼、阁遍布,错落有致;各色名贵花卉,分种四方,随着季节不同而变换着色彩;大龙池碧波荡漾,池中所植千叶白莲随风摇曳,散发出阵阵芬芳。池的四周,模仿西湖的一些景点,叠石点缀其间,难怪人们对它有"小西湖"之称。其他建筑和景观,也星罗棋布,美不胜收。德寿宫与其说是一座宫殿，还不如说是一座构建精致、别具匠心、极富艺术性和观赏性的皇家园林，故被时人誉为"真是瑶台第一重"。这是高宗有了余暇后，以艺术家的眼光，长期精心打造的结果，处处体现出了宋韵文化在园林建筑上务极精致、巧夺天工的艺术水平。如果再将德寿宫与高宗"天纵其能，无不造化"的书法联系起来看，高宗确实是一个多文人情结而少帝王情怀的人。

德寿宫在一定程度上折射出整个南宋的政治氛围和经济水平。所以，它既是"绍兴中兴"的产物，也集中反映了部分宋韵文化的精髓。

说起德寿宫，也不得不提到由高宗一手缔造的南宋。

南宋虽然国土不广，军事力量不强，但由于最高统治者吸取了北宋灭亡的惨痛教训，较好地贯彻了君主与士大夫"共治天下"的理念，"以民为本"也不再成为一句空话，使得爱国爱民、忧国忧民的思想深入人心，促使思想文化空前繁荣，从而形成了一股强大的文化软实力。

南宋经济发达，科学成就卓著。此时，中国经济重心已从唐朝以前北方的黄河流域转移到了长江流域。"海上丝绸之路"的兴起，说明中国在经济上也开始与世界接轨。这使宋韵文化的传承和发展有了扎实的经济基础。

尽管南宋外患严重，军费高达全年财政收入的十分之八左右，劳动人民承受了沉重的赋役负担，但由于朝廷对民生尚称关心，社会相对和谐，从而成为中国封建社会里唯一一个既不为农民起义所推翻,也不为权臣所篡夺的朝代。在南宋灭亡以后,不少将士为之殉国,不少遗民仍深深怀念。直到今天,学者们对南宋也有很高的评价。如有人说:"南宋如一颗晶莹光亮的明珠,最后却埋没在蒙古铁骑飙起的漫天尘埃里,不胜唏嘘之至!"一些中外学者甚至表示:"如果让我选择,我愿意生活在中国的宋朝。"

毫无疑问,以上所出现的一切,与高宗36年的统治息息相关。

尽管宋高宗也存在着一般封建帝王的历史局限性,特别是他杀害民族英雄岳飞,重用秦桧,犯下了种种不可饶恕的错误和罪行,但在他的领导下,抵御了金人南侵,恢复和发展了被破坏的经济和文化,对中国历史发展作出了重大贡献。因此,全面地评价高宗功过,有利于人们正确认识南宋的历史地位,认识德寿宫出现的历史背景和它在宋韵文化中的巨大贡献。

曾经作为南宋都城的临安(今浙江杭州),历经近800年的风风雨雨和人为摧残,不仅地面遗迹荡然无存,地下遗存也大都面貌不清。数十年来,经过一代接一代浙江省、杭州市考古工作者的不懈努力,到目前为止,我们对凤凰山皇宫、太庙、德寿宫、钱塘门、南高峰塔、朝天门等10多处遗迹终于有了比较清晰的了解。更令人感到欣喜的是,为了传承南宋的优秀文化,规模和意义仅次于凤凰山皇宫的德寿宫,率先获得了部分的修复和利用。到2022年底,第一期工程将完工,一个建新如旧的德寿宫,将与广大市民见面。

但是,想要对德寿宫有一个比较全面的了解,单凭耳目所接是不够的，还得知道它的前世和今生。也就是要了解当时修建德寿宫的原因；了解高宗帝后、孝宗帝后在这里的生活状况和各种奇闻轶事；了解以德寿宫为代表的南宋园林建筑艺术；了解与德寿宫关系密切的宋瓷、宋画、宋茶和宋酒。此外，还要了解这个沉睡了800年之久的德寿宫遗址，是如何被杭州市考古研究所的工作人员揭开神秘面纱的。

为帮助读者朋友了解上述内容，在这里我就郑重向大家推荐由浙江人民出版社出版、著名作家周华诚撰写的《德寿宫八百年》一书。作者花费大量时间，深入德寿宫考古和保护现场，进行了长时间的采访和调研，并走访了许多参与德寿宫考古和研究的专家学者，查阅了与德寿宫有关的大量历史资料，以生动的语言、翔实的史料和广泛的涉见，撰写出这部既反映德寿宫真实历史，又充满了一个个历史故事和历史知识的好书。

周君来，要我为之作序。我通过对书稿的认真阅读，觉得它既是一部真实的历史书，又是一部生动的故事书，读后受益匪浅，对德寿宫更有一种耳目一新之感，遂欣然命笔，为之序。

何忠礼

2022年9月于杭州凤起苑寓所

第一章

水流云在

雪落德寿宫

人生,无论多长,始终短暂。

短得让你来不及添加任何东西。①

——[波兰]维斯拉瓦·辛波斯卡

---

① [波兰]维斯拉瓦·辛波斯卡:《万物静默如谜》,陈黎、张芬龄译,第125页,长沙:湖南文艺出版社2016年版。本句出自其诗作《我们祖先短暂的一生》。

北　内

宋高宗赵构正式搬进德寿宫退位养老的时候,是在绍兴三十二年(1162)六月。同一天,南宋的第二个皇帝宋孝宗赵昚即位。

这座德寿宫,是高宗赵构早先赏赐给宰相秦桧的旧府改建的。①绍兴十五年(1145)四月,绍兴和议成功之后,宋高宗同意秦桧的请求,把临安城望仙桥以东地区赏赐给他修筑宰相府,还亲笔题写了匾额"一德格天",以示皇恩浩荡。

秦桧做宰相的那些年,可谓权倾一时,富可敌国。他看中的这一块地,人说"有望气",地旺,有郁葱之祥,遂请为府第。绍兴二十五年(1155)十月,66岁的秦桧病老交加,自知来日无多,遂加紧策划让其子秦熺继承相位。他快要咽气时,高宗便亲临宰相府看望他,见其模样颇有些伤感。秦桧死后,高宗题

---

① (明)田汝成:《西湖游览志》卷十四有载:"望仙桥之东,宋有德寿宫,蒋院使花园。绍兴十五年四月,秦桧建第落成。初望气者言:此地有郁葱之祥。桧专国,实觊觎焉,请以为第。桧死,高宗将倦勤,乃即第筑新宫,名德寿。"

赐 8 个字："决策元勋,精忠全德。"这 8 个字,乍一看,都是盛赞之语,但细品其中意味,不免可以看出君臣之间欲说还休的关系。

彼时秦桧还有一口气在,但已说不出话来了。宋高宗神色凝重。秦熺在一旁迫不及待地发问:"代居宰相者为谁?"高宗冷冷地说:"此事卿不当与!"当晚回宫后,他就下令起草了一份诏书,次日,高宗宣布秦桧进封建康郡王,秦熺升为少师同时致仕,秦桧名义上的孙子秦埙与秦堪一并免官。得知一门被罢,秦桧当夜一命呜呼。①

秦桧的宰相府,位于临安城望仙桥东甲第一区。秦桧一死,宋高宗就把它拿了回来。

7 年后,宋高宗退位,住进了以宰相府改建的德寿宫。

当时临安皇城的宫殿规模不够大,宋高宗需要搬出大内,住到别处去。想来想去,也就宰相府最为合适。这里距离大内皇宫并不算远,不过是"一碗热粥"的距离。高宗养子赵昚,也就是在任皇帝孝宗,可以随时移驾德寿宫来看望和问候太上皇。

从宋高宗搬进德寿宫的那天算起,到数十位文保、考古、古建筑等各类专家汇聚在德寿宫遗址现场开会的这个冬天,时间

---

① 虞云国:《南渡君臣:宋高宗及其时代》,上海:上海人民出版社 2019 年版,第 228 页。秦熺觊觎相位一事,亦有学者认为不太可信。

就像流水一样,在这片土地上整整流淌了866年。

隔着866年的时光,不同的人站在了同一块地面上。

这是一块废弃了多年的"荒地"。

很多老杭州人,不一定知道"德寿宫",但你若是问他"杭州工具厂在哪里",他一定会告诉你确切的方位。望江路以北,中河以东,直吉祥袋巷以西,梅花碑以南——这就是南宋德寿宫的大致方位。杭州工具厂搬离之后,这里就荒着了,年复一年,长起了野草。

这么一块位于杭州市中心的地块,居然荒芜了许多年,有人对这块地方的内情不甚了解。但现在大家已经知道了——这是块宝地。这块宝地在2021年的冬天,迎来了一次改头换面的机会。

德寿宫,南宋高宗退位居住的地方,历史上也被叫作"北内"。这个"北内"是与"南内"相对应的说法。"南内"指的是凤凰山东麓的南宋皇城,"北内"指的就是德寿宫,德寿宫的地位,堪比南宋皇城。

辛丑年(2021)腊月二十三,这一块往昔的荒地上已经矗立起一座木结构的宋式建筑,也就是德寿宫中区大殿的模拟"复原"版。在大殿偏西的位置,一座遗址保护展示大厅也已初见雏形。

如果你站在望江路的南面，也就是胡雪岩故居这里望过去，就能看见德寿宫的屋顶。

与南宋临安城的地图相对照，你可以发现德寿宫的位置，就在南宋"行在"——或者说"都城"——临安城的中心位置。这座皇家的宫殿在鼎盛时期占地面积达到了17万平方米（一说不少于11万平方米），约等于11个标准田径场的大小。

此时，已近春节，天气寒冷，天气预报说近日会有一场雪降临，德寿宫项目现场仍是一片繁忙景象。大殿上方，高大的起重机吊臂不停转动，将地面上的构件吊装后搬到房顶。十来位工人在屋顶作业。他们要把这些名称复杂的木制构件，分门别类地安装到宫殿的不同位置。

"耳殿檐口角""耳殿柱头上""耳殿檐口斗栱二号"……每一块构件上都用笔墨清楚标示了它该处的位置。这是中国传统木建筑的营造方式，可以在别的地方先加工好构件，再运到项目所在地组装。

在这片工地上，所有人的工作目标都很明确——在2022年，这片土地上将重现南宋德寿宫的辉煌模样，并作为南宋博物院（一期）的展馆向公众开放。

作为南宋的都城，杭州这座城市留存今日的物质文化遗产已不多见，南宋皇城荡然无存，整座凤凰山林木森然，看不出任何皇家气象,唯有仅存的一些崖壁石刻、残墙断垣作为历史的遗迹,似乎还透露出些微的信息。文史学者们或可从荒山野岭读出某些历史的沧桑,但大多数老百姓,显然跟这些物证还有心理距离。这座城市需要有一些空间场所,向今天的人们耐心讲述南宋的故事。但是,南宋皇城遗址的发掘长路漫漫,相比之下,德寿宫遗址的发掘与保护展示,就显得迫切而重要。

"这是一块有故事的地方。"杭州市园林文物局党组成员、副局长卓军说,"要讲好杭州故事,不能缺少德寿宫的出场。"

每隔一段时间,卓军就会出现在德寿宫遗址保护展示工程暨南宋博物院(一期)项目部。德寿宫项目是卓军眼下最为重要的工作之一。他负责协调各个组别之间的工作,以保证项目能保质保量地顺利推进。

2020年12月,德寿宫项目正式开工。

德寿宫项目很特殊——南宋临安城遗址考古发掘被列入中国现代考古学诞生100周年的100个重大考古发现之一,而这个项目,是南宋临安城内等级最高、考古发掘面积最大、复原研究最充分且向公众开放的皇家宫殿遗址,是最原汁原味展示遗址、再现南宋建筑风采的遗址博物馆,也是首次在复原研究基础上用数字化手段,全面系统地展示、解读遗址,并首次对潮湿地区土遗址进行大面积系统性病害防治、保护、监测的积极探索,同时也是首次全方位系统地展示南宋时期历史文化全貌……

这么多的"首次"与"最",决定了德寿宫项目备受瞩目。

在这片土地上,出土遗物共计6696件(组),其中陶瓷器占5784件。出土砖瓦脊兽等建筑构件368件、石质文物71件、动物骨骼及骨器151件(组)、铜钱207件(组)、金银器等金属文物65件、漆木器34件、料器16件。

德寿宫,将在这块南宋皇家园林建筑遗址上重新矗立起来。它将是一座原汁原味的宋式建筑。同时,这里将成为一个南宋历史与文化的展示空间,也就是南宋博物院(一期)。在整个项目里,包含了三个方面的工作——遗址保护、建筑再现、展陈与展示。

作为12世纪南宋的皇家宫苑,德寿宫本身的价值和特色将在这里得以揭示。借助这样一座宫苑,南宋时的政治经济、社会文化风貌,将一一呈现在世人面前。

但是,德寿宫项目建设时间紧、任务重、难度大。对卓军来说,的确是不小的挑战——这个项目的实施难度从很多方面来说,都是前所未有的。在中国文博界,卓军可谓身经百战,他在文物、考古、博物馆各领域都有丰富的工作经验,西湖申遗、大运河申遗、良渚申遗,他都亲身经历并参与其中;修建博物馆、展陈运行、文保工程,他也有着令国内同行羡慕的工作经历。他说德寿宫这个项目规模不算大,但集中了文物保护展示的几乎所有难题,大部分还无成熟经验可循。如何将大跨度遗址保护展示棚体,真正做到原汁原味再现宋式建筑? 如何利用极其有限的展厅面积全面展示南宋的历史文化? 如何破解土遗址可看性很差、观众看不懂、不喜欢看的问题,采用数字化手段复原并展示遗址? 复原研究如何展开? 德寿宫内的格局全貌、室内室外场景到底怎么样? 如何解决潮湿地区土遗址的病害防治这个世界性难题? ……这些都是萦绕在他脑海中始终要思考的问题,也是必须和建设者们一起努力去跨越的一道道难关。

所以,碰到德寿宫这个项目,卓军感受到从未有过的压力。

这是一座深藏于地下的南宋都城。随着时代的更迭与城市建设的推进,历史的遗迹如同光阴一般层层叠压覆盖起来。和很多遗址地层一样,遗迹堆积中,上层覆盖下层,这被称为"叠压关系"。下层形成在先,上层形成在后,决定了时间逻辑的顺序,下层时间早于上层,这是考古学家们判断遗存时间逻辑的重要依据。

南宋绍兴八年(1138),南宋政权正式定都杭州。南宋临安城东西窄、南北长,西临西湖,东临钱塘江,南过凤凰山,北到武

■ 南宋高宗像

林门。此城共有旱门13座、水门5座。"诸城壁各高三丈余,横阔丈余",城外有护城河。

位于凤凰山东麓的大内皇宫,根据《梦粱录》的记载,十分壮观华美,"皆金钉朱户,画栋雕梁,覆以筒瓦,镌镂龙凤飞骧之状,巍峨壮丽,光耀溢目"。大内皇宫占据着高处,俯瞰全城。贯穿全城的御街,则是这座城市最为繁华的商业地区。城内街巷纵横,河流交错,水陆交通两便,且城内分设9厢85坊。

南宋临安城在中国古代城市发展史上,占有极其重要的地位。它又是一座被现代城市所完全叠压的古代城址,绝大部分遗址,都处在人烟密集的旧城区。

为了掌握南宋临安城遗址的状况,近三四十年,考古学家们都在这一片土地上见缝插针地进行调查勘探和发掘。

20世纪80年代起,由中国社会科学院考古研究所、浙江省文物考古研究所和杭州市文物管理委员会办公室联合组成的"临安城考古队",对南宋临安城尤其是皇城做了大规模调查勘探,初步探明了皇城几面城墙及主要宫殿的状况。

20世纪90年代后,临安城的考察工作全部由杭州市文物考古研究所承担,在旧城区先后进行了数十次规模不等的考古发掘,发现一批重要的南宋遗迹和遗物:1995年,在城南紫阳山东麓发现了南宋太庙遗址;2000年,在荷花池头发现南宋临安府治遗址;2001年在凤凰山东麓发现了南宋修内司窑,在四宜路发现恭圣仁烈皇后宅遗址,均被评为当年度全国十大考古新发现。

就像一座埋藏着巨大的秘密的城堡,南宋临安城深深地掩藏在地下2.5米至3.5米深处。地面上时代更替,光阴流转,一层层遗迹将过去的故事掩埋下去。如今,当人们行走在南宋临安城遗址的范围内,地表之上,车水马龙,高楼林立,人声鼎沸,春花秋叶;人们很难想象,在地面之下还深深地隐藏着另一座旧时的城市。

是的,在地面之下,800多年前的南宋临安城,在商业生活中留下了无数的遗迹,这些遗迹带着重重密码深锁于土层与时光之中。只有携带着某些独特技能的人,可以从偶然间被发掘出来的一砖一瓦、一瓷一器中,让目光透过那历史的重重迷雾,窥见过去的一抹辉煌。

杭州市文物考古研究所原所长唐俊杰,对德寿宫这块土地上发生的事情如数家珍。

1984年毕业于南京大学历史系考古学专业,从事考古工作近40年——在唐所长的人生履历里,杭州大大小小的考古项目几乎都有他的亲历与见证。随着杭州城市化进程的推进,考古工作量大幅度上升,哪一块地要造房子,哪一个地方要修马路,考古队员都要前期在现场"扫扫雷",看看地下有没有宝贝。

事实上，几乎每一次动土，都有些"宝贝"被发现。考古人眼里的"宝贝"与市民百姓对"宝贝"的认知略有不同——哪怕是一个破瓷片，一块旧砖头，在考古人眼里，可能都携带着重要的历史信息。

1984年，临安城考古队正是在望仙桥到新宫桥之间的中河东侧，发现了一条南宋时期的南北向砖砌道路，就此揭开了德寿宫遗址的面纱。

这的确令人兴奋。这座德寿宫，位于南宋临安城东、吴山东麓的市井繁华处，是宋高宗、宋孝宗两任太上皇及其皇后的居所，也是反映南宋文化和宫廷政治生活的物质载体。以前史料里只有文字记载，考古发现为德寿宫提供了实物信息。

2001年开始，杭州市文物考古研究所对德寿宫地块先后进行了四次考古发掘，基本确认了德寿宫的基址范围、南宫北苑的整体格局及宫殿区的中轴线。但6000多平方米的发掘面积，只占了整个德寿宫的很小一部分；北苑的小西湖等德寿宫的精华部分仍未露出庐山真面目。即便如此，现有的考古发掘已让人惊艳不已！

2005年11月至2006年7月，为配合望江地区改造建设工程，杭州市文物考古研究所对位于杭州望江路北侧相关地块、原杭州工具厂内进行抢救性考古发掘，在南宋文化层，发现了大量与德寿宫有关的重要遗迹，如西宫墙、便门、水渠、水池、水井、道路等。①

其中，一个重要的发现是德寿宫的西宫墙。这段墙体南北走向，宽约两米，青灰色，由长条形的砖块砌成，大家把这种砖叫作"香糕砖"。在西宫墙略偏北处，有个长方形的缺口，这是西宫墙的便门，宽仅1.3米，是供当时的皇家成员、官员和宫人进出的小门。

这堵宫墙的发现，让学者们统一了看法——德寿宫的占地总面积不少于11万平方米。距离这堵西宫墙仅仅20米的地方，是川流不息的中河。中河里的水缓缓向前流淌，在看不见的地方，水流也透过宫墙下方的泥土源源不断地渗入隐秘的地层之中。

此外，令人兴奋的是，这一次人们在德寿宫遗址发现了大型水渠。这条水渠宽约两米，证明引水量很大。水渠上还设有水闸。水闸是半弧形的，砖头砌成，石质的水闸柱和竖向的水闸槽清晰可见。

此外，人们还发现了一座水池。水池长9米，宽8米，地面残存有香糕砖拼铺而成的几何形图案。水池的底部有三层结构，第一层是夯土层，第二层为碎砖层，第三层为木桩层，密布直径为18厘米至19厘米的松木桩，并打破南宋下文化层。

---

① 唐俊杰、杜正贤：《南宋临安城考古》，杭州：杭州出版社2008年版，第29—32页。

■ 宋高宗吴皇后像

本次发现的遗迹数量之多、种类之丰富，为历年德寿宫遗址考古之最。

大型水渠，包括水闸、水池，还有太湖石，真是令人浮想联翩啊，这样一个规模的水系又向人们暗示着什么？

这些遗迹，将为人们一窥南宋时期的皇家园林风貌与造园技术，打开一扇考古实证的小窗。

在德寿宫遗址，还出土了大量遗物，主要是陶瓷、铜钱以及建筑构件。其中，水井里出土了一些筒瓦，长35厘米，宽15.6厘米，矢高5厘米，尾长5厘米，制作规整，保存完好。

在德寿宫遗址出土的瓷器有一大批，还有少量釉陶。瓷器的窑口和器型，看起来十分丰富，有产自越窑和钧窑的陶瓷碗，有龙泉窑的贴印花瓷瓶，有景德镇窑的狮形瓷塑，有磁州窑的黑彩玉壶春瓶，还有建盏，等等。这些器物时代跨度大，器类繁多，而且甚是精美[1]。

但是，令人感到遗憾也颇费解的是，来自官窑的瓷器却非常少见。

从某种角度看来，城市考古类似于拼图。

来自地层深处的信息都是零零星星、支离破碎的物证残

---

[1] 唐俊杰、杜正贤：《南宋临安城考古》，杭州：杭州出版社2008年版，第29—34页。

片,某一天因为极其偶然的机缘,在埋藏数百年或数千年之后忽然重见天日。因为时间太过久远,那些物证已经破损或模糊到不可辨认。

然而,正是这样的物证,也携带着许多密码一般的信息,一旦被考古人员破译出来,它所对应的那个时代,以及那个时代的某个幽暗的角落,便如同被一支小小的烛光照亮,由此散发熠熠的光芒。

远去的历史是一个巨大而隐秘的星空,幽暗无比。当那些物证开始发光,便如同星星在孤独地照亮夜空。

城市考古的难度在于,这张拼图过于巨大,而每一块拼图都孤立无援。它们或许有着遥远的关系,但大多数时候,考古学家几乎无法拼凑出一张完整的图案。在这张拼图上,绝大多数的碎片都散落在时空的深处,人们几乎没有办法把它们凑齐。无数的高楼大厦,无数的街道与工厂,早已在这座城市上重新生长起来。很多地方,理想化的时间叠压地层关系已被打破。很多地方的物证被带到了别的地层之中;有时候它们也被搅拌在一起,无从分辨。有限的物证碎片像是被海浪偶然间冲卷到海滩上的贝壳,无意中被在海滩上玩耍的孩童捡拾——仅仅凭借一枚贝壳,人们无法拼凑对于整个大海的想象;但是,有趣的地方正在于此,年复一年,当一枚又一枚的贝壳相继被带到海滩上时,关于大海的描述,正在无限接近大海本身。

考古工作者们就像是在历史的海滩上捡拾贝壳的孩童——每一次的城市建设如同潮汐,将来自遥远之地的碎片冲到岸边,他们欣喜地发现了很多秘密。他们是最早持有这座城市秘密的人群。借助这些碎片,人们仿佛可以走进一座时空的隧道,与千百年前的古人会面。

沉睡近千年的南宋德寿宫,此刻终于显露出冰山一角。

这个地块南临望江路,西至中河中路,东至直吉祥巷,北及梅花碑,面积不少于11万平方米的地方,的确令人惊叹——从历次考古的发现来看,这里有五开间的殿宇,规格不低;这里有水池、大水渠、假山石,显然是一大片园林遗存;这里又是与"南内"相提并论的"北内",太上皇和皇太后们居住的地方——它的意义,非同小可。

考古人也好,城市文化学者也好,所有人都兴奋了。

想想看,如果有机会在杭州这座城市里重现南宋的风物,那是一件多么风雅的事情。

当然,这不仅是风雅而已。南宋一朝将临安作为国都,在那之后的800年间,这座城市的精神与血脉都与宋一代息息相关;这座城市的灵魂里,已然镌刻着南宋的永恒印记。而在今天,当这座城市处于国际化大都市的发展潮流当中,文化实力成为城市的重要精神力量时,德寿宫的重建必然成为重要一环。

所以,德寿宫遗址保护展示工程的正式开工获得了社会各界的极大瞩目。杭州人民期盼看到一座原汁原味的宋式皇家建筑横空出世,向人们静静讲述一个已然消逝的时代的故事,一个忍辱前行、一言难尽的王朝往事,也向人们展现南宋一朝的科技、社会发展状况及人文美学的历史高度。

2022年2月7日,农历壬寅年正月初七①,一场鹅毛大雪纷纷扬扬飘洒在杭城上空。

此时春节刚过,杭州深巷里弄的年味儿还很浓,望江路上很多商店也尚未开张。这天下午,仅用了半个时辰,天地之间一片雪白。

如果时间往回倒退800多年,同样的一场雪落在巍峨的德寿宫上空,大雪将宫殿屋顶覆成雪白,宋高宗将在众人相伴下步入后苑赏雪,也会与"南内"彼此走动,与官家(指天子、皇帝)孝宗一起赏雪。

> 未初,雪大下,正是腊前。太上甚喜,官家云:"今年正欠些雪,可谓及时。"太上云:"雪却甚好,但恐长

---

① 本书纪年方式:公元年月日皆以阿拉伯数字表示,农历年月日皆以汉字表示。——编者

安有贫者。"上奏云:"已令有司比去年倍数支散矣。"
太上亦命提举官:"于本宫支拨官会,照朝廷数目,发
下临安府,支散贫民一次。"又移至明远楼,张灯进
酒。节使吴琚进喜雪《水龙吟》词云:紫皇高宴箫
台,双城戏击琼包碎。何人为把,银河水剪,甲兵都
洗。玉祥乾坤,八荒同色,了无尘翳。喜冰消太液,暖
融鸥鹊,端门晓、班初退。圣主忧民深意。转鸿钧、满
天和气。太平有象,三宫二圣,万年千岁。双玉杯深,
五云楼迥,不妨频醉。细看来、不是飞花,片片是、丰
年瑞。

上大喜,赐镀金酒器二百两、细色缎匹、复古殿
香、羔儿酒等。太后命本宫歌板色歌此曲进酒,太
上尽醉。至更后,宣轿儿入便门,上亲扶太上上辇
还宫。①

淳熙八年(1181)正月初二日的这一场雪中事,留在了周密
的文字里,翻开他的《武林旧事》,依然可以望见那一场雪,以及
太上皇、太后从德寿宫出发,乘坐轿儿,在禁卫簇拥之下来到南
内,与宋孝宗赵昚一起喝茶看画、饮酒赏梅的情景。德寿宫北
内与皇宫大内,一场雪飘飘扬扬同时落在两处,退居德寿宫的

① (宋)周密:《武林旧事》,北京:中华书局2007年版,第203-204页。

赵构与继任者、他的养子赵眘其乐融融,一起看到了雪花片片落在临安城,也落在德寿宫后苑一枝枝绿萼梅瓣之上。

德寿宫的大雪,与周密的文字一样清晰可见,仿佛时光之水不曾带走德寿宫的一砖一瓦、一沙一砾。这座宫殿里发生过的前尘往事与历历风景,在《武林旧事》皆触手可及。

> 禁中及德寿宫皆有大龙池、万岁山,拟西湖冷泉、飞来峰,若亭榭之盛、御舟之华,则非外间可拟。春时竞渡及买卖诸色小舟,并如西湖,驾幸喧唤,锡赉巨万。①

"聚远楼。香远堂、清深堂、松菊三径、梅坡、月榭、清妍、清新、芙蓉冈。"②这是德胜宫内东面之景。

"射厅、载忻堂、临赋、粲锦、至乐、清旷、半绽红、泻碧。"这是德胜宫内南面之景。

"冷泉堂、文杏馆、静乐、浣溪。"德胜宫内西面之景。

"绛华、旱船、俯翠。"德胜宫内北面之景。

壬寅年(2022)正月初七,杭城大雪。德寿宫项目工地上一

---

① (宋)周密:《武林旧事》,北京:中华书局2007年版,第105页。
② (宋)周密:《武林旧事》,北京:中华书局2007年版,第107页。

片雪白。纷纷的大雪中可有哪一瓣与从前的一样？工地上已然竖起了几幢高大的建筑，中区的主宫殿是木结构的，柚木建造，完全采用中国传统建筑中的榫卯技术拼装，没有使用一颗钉子。这座建筑已经结顶。西区的钢结构保护棚也已全面结顶，屋顶的施工尚未完成。因为一场大雪的到来，所有的施工都已经暂停，工人们在宿舍休息待命。

在这个春节期间，整个工地上有73位工人没有休假，持续上班与施工。工期太紧了，建设者们必须抓紧每一个晴好天气，夜以继日地工作。

"时间太紧了。"在工地上，你经常能听到这样的声音，"如果你给我两年时间，我一定会把它建得很好。但是，我们的时间并不多，后面一道道工序都要进场，没办法，大家都在过春节，我们也还要努力加班。"

突如其来的一场大雪，也打乱了建设者的步伐。建设方召集大家在项目部一楼的会议室里开会。

"西区屋顶施工，下雨天受影响，现在四个屋顶都没有完成。下雨天做不来，只有在晴天抢工。"

"就晴了两天，下雪，接着又要下雨——下星期都是下雨，这怎么办……"

"能抢工就要抢工了，每天都要看天气预报，一待天晴，一定要人员配足上马。"

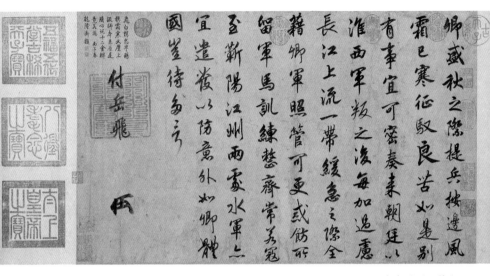

卿盛秋之際提兵按邊風
霜已寒征馭良苦如是別
有事宜可密奏來朝廷必
淮西軍叛之後每加過慮全
長江上流一帶緩急之際
藉卿軍照管可更戒飭所
留軍馬凱練整齊常為冠
至蘄陽江州兩處水軍尤
宜遣發以防意外如卿體
國盡待多言

付岳飛

■ 高宗致岳飞信之一

"后面的都在等,工字殿那里,铜构件施工,展陈组施工,都在等着进场。"

"屋顶的瓦片是怎么个做法?这个事情古建院很坚持,瓦片的铺法,鱼鳞一样的这个铺法,以前不是这样的做法。"

会议室的墙上,挂着一条横幅:

"与时间赛跑,与天气抗争,与病毒较量,与温暖同行。"

在这个节骨眼上,因为新冠肺炎防疫的要求,很多杭州工人在返乡时被隔离了。为了确保安全,建设方要求工人们尽量留在杭州过年。工地上人员的进出也加强了防疫措施,查看健康码和行程码、测温、登记。这一个项目的建设,几乎是与防疫工作同步进行的。

行　在

绍兴三十二年(1162),深思熟虑的宋高宗赵构,终于在南宋行在临安皇宫里作出了一个决定。其实这想法已经盘桓在他的脑海中好几年了,当他终于向朝臣们宣布这个决定时,顿感身上的千斤负累一下卸了下来。

此时的赵构,真的想退休了。

从登上皇位至今,他始终提心吊胆过日子。他有"恐金症",以致好多次在睡梦之中,也会被惊醒,以为金人又开始进攻了。而每逢战事,身为天子的他又不得不装出种种与金人斗争的姿态给大臣看,给世人看。"他深深感到,自己的皇帝身份实在是投降、逃跑的包袱,不如效法父亲徽宗,退位做太上皇,既不用为国事操心,专心享乐,又可以在金兵攻来时一走了之,没有任何顾忌。"①

其实,这残存的半壁江山,他实在守得艰辛屈辱,在世人面

---

① 游彪:《赵宋:十八帝王的家国天下与真实人生》,成都:天地出版社2020年版,第170—171页。

前颜面扫地。后世人都说他,只要有君可做,哪怕奴颜乞和也在所不惜。

绍兴三十二年(1162)五月,宋高宗赵构下诏册立赵瑗为皇太子,并将赵瑗改名为赵昚。六月十日,他正式宣布禅位给了皇太子,自称太上皇。他终于把半生负累卸下来了。他对宰执声称:"今老且病,久欲退闲。"南宋史家将这次皇位传承,称为"绍兴内禅",不吝赞美之辞。[1]

身体状况良好、年龄只有56岁的高宗退位后,正式住进了德寿宫。住进德寿宫的日子,大概是高宗一生中最轻松安逸的时光。

他在德寿宫"淡泊为心,颐养神志"。种花养草,游湖看景;习书酿酒,听曲看戏。日子过得悠游自在。与此同时,他也并没有完全放手对政事的把控。继任的孝宗对他很孝敬,他也时常插手南内的大事决策。这几乎是两全之策:既安享了太上皇的太平,又依然能左右国之大事。在德寿宫,高宗享受了25年悠闲的退养生活,直到81岁那一年告别人世。

杭州可谓高宗赵构的"福地"——在落定杭州之前,他是一

---

① 虞云国:《南渡君臣:宋高宗及其时代》,上海:上海人民出版社2019年版,第240页。南宋史学者何忠礼先生认为,绍兴内禅是高宗深思熟虑后的举措,太子已届中年,此时禅位有利于政权的稳定。

个失去了家园走投无路的流亡皇帝。

高宗赵构为徽宗第九子。母亲韦贤妃原本地位较低,并不受徽宗的宠爱。因此,赵构本应与皇位无缘。然而,靖康之变中,赵宋宗室多被金兵俘虏,赵构成了"漏网之鱼","中兴之主"的位子自然非他莫属。

靖康之变是整个赵宋王朝的奇耻大辱,同样深深地印刻在赵构的脑海之中。金兵南下,攻陷汴京之后,宋徽宗和登上皇位不到两年的宋钦宗,以及后宫嫔妃、皇亲国戚、官员艺匠,甚至包括赵构的生母韦氏和一妻二妾,还有男女百姓不下十万人,连同皇宫的无数珍宝、礼器、古玩和整个民间的财富,全部被席卷一空,掠向北方。金兵所到之处,生灵涂炭。如此惨烈的灾难,给宋人也给赵构留下了难以磨灭的伤痛。

靖康二年(1127),作为"漏网之鱼",时年21岁的赵构在南京(今河南商丘)登基,建立了南宋。

接下来是一段颠沛流离的逃亡生活——赵构即位后先是逃到扬州,随着金兵的继续大举南下,他又连夜出逃到杭州,金兵突破长江防线后,赵构退无可退,只得入海避敌,在温州沿海漂泊达四个月之久。前有恶浪,后有追兵,缺衣少食,饥寒交迫。

直到建炎四年(1130)四月,高宗在海上得知金兵北撤后,才从温州经明州(今浙江省宁波市)回到越州(今浙江绍兴市)。但是,越州地理位置偏僻,漕运很不方便,南宋朝廷的大批官员、军队集中此地,物资供应无法得到保障。相比之下,逃难时曾经逗留过的杭州,让高宗念念不忘。

最终,高宗选择了杭州作为"行在",改称临安。

选择杭州的因素有很多——杭州交通方便,江海湖泊交错,使金人的骑兵无法驰骋,大大增加了高宗的安全感;又因地处鱼米之乡,物产丰富,基本可以满足南宋朝廷的需要。而且,自唐、五代以来,杭州经过了长期的开发建设,已然成为繁华秀丽的"东南第一州",这里山水风光秀丽,社会风俗与汴京有某种相似之处,文化精致秀雅。这对刚刚饱经流离之苦、热切渴望安逸生活的高宗来说,杭州无疑具有巨大的吸引力。

杭州学者姜青青对高宗定都临安的心理状态,另有颇为精到的剖析。靖康之变后,一路向南溃逃的高宗经历了人生中最沉重的打击,这打击不仅有心理上的折磨,更有生理上的摧残。建炎三年(1129),宋高宗在扬州行宫里寻欢作乐,内侍邝询突然破门而入,那一声撕心裂肺的狂喊"金兵来了"犹如一记棒喝,让他遭受到极度的惊吓,竟然从此丧失了生育功能,导致他从此再无子嗣降生。①

姜青青的论述,从一个帝王的心理和精神状态出发,探讨

---

① 姜青青:《龙飞凤舞到钱塘:南宋皇城寻踪》,杭州:杭州出版社2020年版,第83页。

了高宗最终把行在定于临安的主要原因。"一个男人应有的人格、尊严和雄心"都被重创的结果是,"无论你身处何方,即使在可作为一国之都的地方,具备了政治传统、地缘上佳、经济繁荣、风景优美、民风淳厚、享誉四海等等优惠条件,都不及心理上的安全感更重要。"

或许,在高宗的内心,选择杭州最关键的是还有一条退路,如果金兵再次南侵,从这里可以由钱塘江出海,可以迅速避居于海上。上一次入海漂泊四个月之久,虽然风高浪急,终究逃出生天。

也正是在临安,这个对外在摇尾乞怜、忍辱负重中偷生,对内在平衡博弈、钩心斗角之中求存,空有一身艺术才华的皇帝,仿佛驾着一艘破败的大船,穿过铺天盖地的风浪,还要把江山大船坐稳,把宋室的火种保存下来。大概,只有等到他搬进德寿宫的时候,身上这副沉重的担子才能真正卸下来。

谁能真正走近这个男人的灵魂,读懂一个高处不胜寒的官家的内心?

"行在",指的是"朝廷临时待的地方",并非真正的国都。范成大在《昼锦行送陈福公判信州》里曾写道:"住在行都四十年,曾见归舟似公否。"《续资治通鉴》中的"宋纪"里记载:"夜,行在临安府火。"

得卿九日奏已擇定十一百選發注

黄舒州器聞卿見苦寒嫩乃

能勉為朕行國爾忘身誰如卿

者覽奏再三嘉歎無數以卿素

志珍勵常苦諸軍難合今兀术興

諸頭領盡在廬州搖連南侵張俊

副錢糧已如所請委趙伯牛以伯牛舊

當守官湖外與卿一軍相諳委也春

深寒暄不常卿宜慎疾以濟國事

付此親札卿須體意十九日二更

付岳飛

■ 高宗致岳飞信之二

　　然而，从绍兴八年(1138)高宗宣布临安府为"行在所"，到宋恭帝德祐二年(1276)二月临安城被元军占领，临安成为事实上的南宋都城，长达138年。

　　历史选择了杭州，使得杭州在南宋迎来了一次空前的发展机遇。

　　杭州此前一直发展得不错。钱镠开创的吴越国地方政权，到了第五任国君钱俶时，于公元978年的五月初一，在北宋都城开封纳土归宋。这一天，钱俶上表，"以所部州十三，军一，县八十六，户五十五万七百，兵一十一万五千，暨民籍、仓库尽献之"。

　　没有刀光剑影，没有生灵涂炭。钱氏纳土归宋，演绎了中国历史上少有的重大政治事件，史称"吴越归宋"。

　　钱氏主政时期，杭州从隋代时的15380户，到了鼎盛时的"十万人家"。吴越国为杭州后续的繁盛，也为南宋的定都，打下了坚实的基础。

　　在北宋时期，杭州就有着显赫的经济地位。从熙宁十年(1077)各州府的商业税上缴额可以看出，杭州以十八点四万贯的纳税额，排名第一，超过了排名第二的成都十七点二万贯、排名第三的开封府十五点三万贯。①

　　烟柳画桥、自古繁华的钱塘，早已名扬天下。

------

① 姜青青：《龙飞凤舞到钱塘：南宋皇城寻踪》，杭州：杭州出版社2020年版，第91页。

　　欧阳修写过一篇文章《有美堂记》，其中这样描述："钱塘自五代时，不被干戈，其人民幸福富庶安乐。十余万家，环以湖山，左右映带，而闽海商贾，风帆浪泊，出入于烟涛杳霭之间，可谓盛矣！"

　　欧阳修的这篇《有美堂记》，写的就是吴山之上的有美堂。北宋仁宗嘉祐二年（1057），龙图阁直学士、尚书吏部郎中梅清慎到钱塘任职。仁宗爱才，在他临行的时候写了一首诗赠给他。梅清慎赴任以后，在钱塘的吴山上盖了一座有美堂，并把皇上赠诗中的"有美堂"三个字作为堂名。梅先生很喜欢"有美堂"，调离钱塘之后仍念念不忘，遂请欧阳修写了一篇文章。

　　人情文章，不免有溢美之词，但钱塘之美实至名归，"十余万家，环以湖山，左右映带，而闽海商贾，风帆浪泊，出入于烟涛杳霭之间"。到南宋之后，有美堂被改成了"江湖汇观堂"，后毁于战火，屡毁屡建。如今的吴山上，重建的"江湖汇观亭"亭柱上仍有明代徐渭的一副对联——

　　八百里江山知是何年图画
　　十万家烟火尽归此处楼台

　　对于杭州的繁华，生于北宋的著名词人柳永有一首家喻户晓的词作《望海潮》，对此做过描述：

　　东南形胜，三吴都会，钱塘自古繁华。烟柳画桥，风帘翠幕，参差十万人家。云树绕堤沙，怒涛卷霜雪，天堑无涯。市列珠玑，户盈罗绮，竞豪奢。

　　重湖叠巘清嘉，有三秋桂子，十里荷花。羌管弄晴，菱歌泛夜，嬉嬉钓叟莲娃。千骑拥高牙，乘醉听箫鼓，吟赏烟霞。异日图将好景，归去凤池夸。

　　据《鹤林玉露》记载，金朝皇帝完颜亮读到这首词，被词中所描述的杭州的美丽富庶所打动，"遂起投鞭渡江之志"。他特意派画家兼情报人员潜入杭州，实地画出词中描绘的杭州城邑、吴山、西湖等美景。当画师把画好的杭州胜景图献给他的时候，这位皇帝还特意让画家在吴山绝顶画上自己骑马而立的高大形象。

　　不管怎么说，山河破碎的赵宋王朝流离失所之中，仓皇奔逃的赵构把行在定在了临安，这是历史对杭州的选择。也正是在杭州，南宋朝廷终于获得了喘息之机，初步在东南站稳了脚跟。赵构在这里修建明堂、太庙，准许富户们经营宅邸、置办产业，他也释放了一个信号："朕不想走了，诸位就在此安居乐业吧！"

　　南宋朝廷以临安为行都，使杭州的城市性质与等级发生了根本性的变化。杭州由此进入了历史上最辉煌的时期。南宋统治者对临安城的建设，倾注了大量人力、物力、财力，经过持续的发展，到南宋后期（13世纪中叶），临安人口达到150万—160万，此时，西方最大最繁华的城市威尼斯也只有10万人口。

时至今日，杭州仍有一处地名叫"留下"，据说就是当年宋高宗南渡后经过西溪，准备建都于此，后到凤凰山，把大内皇宫建在凤凰山上，乃留下了一句话："西溪且留下。"这大概率是一种附会与传说，但是"留下"这个地名流传至今，仍可作为高宗当年定都杭州的一种历史记忆吧。

高宗在位35年，他初到杭州之时，条件可谓十分艰苦。

南宋建炎三年（1129）闰八月，高宗自建康到临安，以州治为行宫①。

当时州治房屋不多，六宫住下之后，必然感觉十分逼仄。高宗不觉得太狭小，只是觉得太潮湿。

《咸淳临安志》记载，"绍兴元年（1131）十一月，诏守臣措置，修内司乞造三百间，诏减二百。"临安府行宫规格远比北宋汴京要低，甚至有些简陋寒酸。"绍兴初，高宗自越复还临安，命有司裁为行宫，百楹而已。盖上日所御殿，茅屋才三楹。"《三朝北盟会编》云："车驾幸临安府，是时百司官府皆草创，往往草

---

① 《宋史》卷八十五《地理一》。

舍。"而且尽量去除华丽的装饰,只以实用为第一要求,"余考艺祖宫中止用赤白为饰,仁宗命栏楯撤去朱绿之采。建炎间,高宗至杭,命内臣杨公弼、徐康国创行宫,务使简约,去华饰,遵祖制也"。①

为保障皇城安全,绍兴三年(1133)十二月九日,宋廷下诏"宫墙底小却薄,不足以限制内外,令修内司使相度帮贴砌垒,其合用工料砖灰具申尚书省"。

绍兴八年(1138)宋金议和成功,高宗宣布移跸临安府后,南宋获得了喘息机会,也使修建皇城有了条件。

绍兴九年(1139)开始修建慈宁殿,用了将近10个月。

此时的大内,依然比较粗疏简陋,但其南宫北寝的布局已经确立,皇上、皇后、皇太后寝殿完成规划建设。

绍兴十一年(1141),第二次宋金议和达成,更大规模的宫殿建设由此铺陈开来。绍兴十二年(1142),南宋皇城修建了垂拱殿和崇政殿两座大殿。

如果说高宗初期对皇宫的硬件要求是简约实用、务必朴素的话,到高宗退休后修筑"北大内"德寿宫时,情况就不一样了,他变得极尽奢侈。

---

① 《行在所录》。见(清)朱彭等:《南宋古迹考》,杭州:浙江人民出版社1983年版,第10页。

> 凿大池，续竹筧数里，引湖水注之。其上叠石为山，像飞来峰，有堂名冷泉，楼名聚远。又分四地，为四时游览之所。①

这座德寿宫的面积近17万平方米，而当时的南内差不多是50万平方米，北内占地达到了南内的三分之一。

南内的两座大殿，并不宏伟，材料尺寸也很一般。北内的德寿宫同样修建了两座大殿。其主殿称为德寿殿，在后苑修建的聚远楼，是德寿宫后苑里最宏伟的建筑；宫里还有许多亭台楼阁，奇花异草。

德寿宫的这座后苑园林，是当时临安城园林的集大成者，有大龙池、万岁山，前者比拟西湖，后者比拟飞来峰。山峰之间流水潺潺，池面还有华舟游荡。②

---

① 周益公：《玉堂杂记》，详载园圃考。见(清)朱彭等：《南宋古迹考》，杭州：浙江人民出版社1983年版，第24页。
② 卢英振：《行在盖起太平楼》，杭州：杭州出版社2017年版，第40—41页。

城　池

当高宗正式宣布临安府为"行在所"之后,他正式成为了一名"新杭州人"。历史的车轮总是滚滚向前。当历史前进了800多年后,这座城市已经变得很不一样了。

根据年度统计调查结果,2020年,杭州市全体居民人均可支配收入61879元,人均消费支出38235元。其中,城镇居民人均可支配收入68666元,人均消费支出41916元。[①]

城镇居民人均住房建筑面积39.3平方米,每百户居民家庭拥有家用汽车65.3辆、空调252.2台、家用电脑90.6台。[②]

全年境内公路总里程达到16919公里,其中高速公路801公里。年末,主城区公共交通运营线路367条。地铁运营里程306.3公里,在建里程210公里。[③]

全年市区年平均气温18.3摄氏度,比上年升高0.3摄氏度;

---

① 数据来源:《2020年度杭州市人民生活等相关统计数据公报》,杭州市人民政府门户网站。
②③ 数据来源:《2020年度杭州市国民经济和社会发展统计公报》,杭州市人民政府门户网站。

总降水量1664毫米,比上年增加14毫米。[1]

全市常住人口为11936010人,全市常住人口中共有家庭户4435927户,平均每个家庭户的人口为2.36人。[2]

这是一座快速发展变化中的城市,每一年都变得很不同。尽管如此,今天的大多数杭州人并不了解这座城市的细节——除了上述的官方数据以外,很少有人知道这座城市有多少家游泳馆、茶馆或跆拳道馆,有多少家酒店、餐馆;每年有多少名外籍人士常住于此;有多少座立交桥、多少个红绿灯、多少条地下通道、多少幢摩天大楼;每一天有多少人离开这座城市,又有多少新生儿在这里呱呱落地……

一句话,我们今天的每个人对于这座城市的了解都是不完整的。我们所知,只限于这座城市的某一个极小的细部。

同样,对于800多年之前那个造就了杭州辉煌历史的朝代,人们更是知之甚少。

800多年前的临安没有统计局,无法得到一个准确的数字来跟今天这些数据相比较。我们只能从一些古籍当中得到粗略或者偏于感性的印象。数据是抽象的,远不如实物来得更加亲切也更加容易触摸,也无法像文学作品所描写的那样提供一幅社会发展的生动画面。

①② 数据来源:《2020年度杭州市国民经济和社会发展统计公报》,杭州市人民政府门户网站。

　　临安城素有"腰鼓城"之称——吴越王钱镠在杭州凤凰山筑了"子城",内建宫殿,作为国治,又在外围筑了"罗城",周围70里,作为防御。据《吴越备史》记载,这座都城西起秦望山,沿钱塘江至江干,濒钱塘湖(西湖)到宝石山,东北面到现在的艮山门,整个罗城呈现出两头粗、中间细的形状,就像一只腰鼓。

　　当年南宋定都临安后,筑九里皇城,开十里天街——这条天街就是御街。高宗、孝宗、光宗们去城西祭祀出行都要走过的御街,他们在祭祀的时候面朝北方,面容悲戚,神情肃穆,也许他们都记起了那些不堪回首的往事。事实上,这条御街上的每块香糕砖都知道,这些皇帝们早已打消了收复中原的雄心壮志,这从他们路过时心事重重的脸上可以看出来。

　　在鼓楼的东面不远处的那座豪华的宫殿,就是德寿宫了。它距离御街不过百米之距。这条御街两侧生意历来热闹,做买卖的百姓沿途开店,一家接着一家,由此成为临安城的商业中心。

　　时光荏苒,这座城市的版图在不断扩大。南宋建都临安(即杭州)后,增筑内城及东南的外城。《梦粱录》记:"城南西东北各数十里,人烟生聚,物阜民丰,市井坊陌,铺席骈盛。数日经行不尽,各可比外路一州郡。"

　　到了元代,杭州城墙逐渐毁废。元末张士诚割据苏浙,改筑杭州城垣,东扩三里,洛市河(今东河)于城内;南缩二里,截凤凰山于城外,共有城门13座。

明代,杭州城垣继张士诚所筑城垣,城门减少为10座。杭城十门,市民以城门地名编成顺口溜:"北关、坝子、正阳门,螺蛳沿过草桥门,候潮闻得清波响,涌金、钱塘共太平。"

清代,杭州城垣承明之旧,最大的变化是城中筑城,城以砖石为主,高一丈九尺,厚近一丈,环九里稍多。有五座城门,内驻八旗军及其家眷,俗称"旗下营"。

民国2年(1913),杭州拆除城墙,修建道路,拥抱西湖。

改革开放后,杭州城市开始向郊区扩展,形成以西湖为中心的城市结构。21世纪以后,杭州城市中心逐渐向钱塘江转移,由西湖时代迈向钱塘江时代,拥江发展。

城市版图东扩的过程,从"中河—东河—贴沙河"的演变可以略窥一斑。

杭州市文物考古研究所唐俊杰所长说,杭州这座城池,一直在东扩,一直在加高。它的繁华商业中心也在不断更替和转移。

如今的御街,更多成为游客们了解故都历史文化的一处所在,人们徜徉在这条步行街,喧闹的商业气息其实早已将一丝思古之幽情覆盖,唯有几处南宋御街遗址,在某些角落里默默陈设,偶尔会有一两名游客去那里看一看。

■ 高宗书法《戒石铭》

再没有人记得当年从这条御街上走过的皇帝们,脸上心事重重的样子了。

过去就在人们的脚下,但是人们并不会经常意识到这一点。

为了采访唐俊杰,我开车去了临安——他在那里做天目窑遗址的考古工作。天目窑是浙西地区宋元时期的重要瓷窑址之一,位于杭州市临安区於潜镇和天目山镇,已发现遗址点30余处,主要分布于天目溪上游的东关溪北岸和丰陵溪南岸,总分布面积约有6平方公里。

虽然那里也叫"临安",但此"临安"与800多年前的彼"临安"并不是同一个概念。2021年,杭州市文物考古研究所对谢家一号窑址进行发掘,出土了很多遗物,以青瓷为主,黑釉瓷次之。

唐所长长年驻扎在那里,一住就是好几个月。天气好的时候,他会在清晨绕着山脚或沿着溪流跑步。临安山里的空气不错。

我们在一个雨后的下午聊到了赵构。

"赵构热爱书法,他是一个大艺术家……他在《翰墨志》中自称,50年来,未始一日舍笔墨。从绍兴初年到住进德寿宫后,赵构和吴皇后一直亲自为太学誊写经书,并命人铭刻在石碑之上,先后刻了131块。这就是南宋太学石经的由来。"

现在杭州孔庙的碑林里,就珍藏着这些价值非凡的宝贝。

赵构这个人,虽然在军事政治上没有多大作为,但是文化事业上,还是颇有建树和功业的。他遗传了赵佶的艺术气质,热衷于收集法帖名画。杭州的老百姓,有着朴素的善恶观,很多人还是喜欢这个高宗皇帝的。

"他是个文人皇帝。他在杭州这块土地上落脚,还是做了很多事情。有人说他是卖国皇帝,其实不是那么回事。我们不能这样片面地看待一个人,也不能简单地给赵构贴这样的标签。"

比方说,他还引领了南宋一朝的审美情趣。宋代人对于美的理解,滋养了后世,也影响了日本等东方各国。

"我们对于南宋和德寿宫的考古研究,持续了很多年,这为现在德寿宫的遗址保护展示工程奠定了基础。但是,我们对于整个南宋的全方位的研究,还是太少了。远远不够。"唐所长语速缓慢,讲述起宋室南迁之后,南北文化的融合,以及由此影响到的社会生活的方方面面。他在做的天目窑考古,挖出的瓷器分门别类地堆放在一侧的库房,雨后的山野带来宁静的气息。

唐所长说,德寿宫的后苑,有一座水池,也许水池的淤泥里能找到一些植物的种子。或许引水渠里也有这样的种子。也许是荷花,也许是菱角,也许只是狗尾巴草的种子。如果种子还有生命力,把它们培育出来,重新种植在德寿宫的后苑,那会怎么样呢?

泥土里藏着过去的故事。只有善于发现的人,才能找到那条通往过去的秘密小道。

风　云

那一天阴雨绵绵,太上皇赵构驾临德寿宫。

这是一次仪式略显朴素的乔迁。

从南内迁居北内,从皇上变成太上皇,赵构内心是复杂的。一方面,他终于觉得肩上的千斤重担卸了下来,无事一身轻了;另一方面,他又对继任的养子赵昚没有十足的把握。

这天,孝宗"服袍履,步出祥曦门,冒雨掖辇以行,及宫门勿止"。[①]孝宗一路扶车,依依相送,一直送到皇宫之外。

见孝宗如此,高宗深感欣慰,对群臣说:"托付得人,吾无恨矣。"

宋孝宗赵昚,是宋高宗的养子。失去生育能力的高宗从太祖后裔中挑选两人作为养子,这两人后来分别改名为赵瑷与赵璩。

为了接班人问题,高宗动了很多脑筋。到底确立谁为太子,不好办。为了试探赵瑷与赵璩,高宗有一次让两人各写

①　(清)朱彭等:《南宋古迹考》,杭州:浙江人民出版社1983年版,第24页。

100本《兰亭序》进呈。时任国子博士、王府教授的史浩告诉赵瑗与赵璩："君父之命,不可不敬。"结果,赵瑗写了700本,而赵璩连一本也没有进呈。

又有一次,高宗赐两人宫女各10名。史浩又提醒他们,"这些都是平时侍奉皇上的人,应该以庶母之礼对待他们"。月余之后,高宗把宫女召回,赐给赵瑗的宫女都禀报说赵瑗对她们彬彬有礼,没有任何冒犯行为,而赐给赵璩的宫女却无一不受到赵璩的宠幸。

经此二事,高宗对赵瑗大为满意,遂于绍兴三十年(1160)改称赵璩为皇侄,立赵瑗为皇子,实际上确立了赵瑗为继承人。赵瑗改名为赵昚,即后来的孝宗。

绍兴三十二年(1162)六月,高宗把皇位禅让给孝宗,此时年方56岁。

对高宗来说,这无疑是深思熟虑的结果,也是明智之举。让听命于己的继承人来出面处理朝政,既能换取当今皇帝的知恩图报,自己又可以照旧安享尊贵荣华。更重要的是,在很多时候,他依然能以太上皇的身份左右大局。

果然,继位的孝宗对高宗赵构甚为孝敬,也十分感恩。赵构移居德寿宫的第二天,孝宗就开始了"五日一朝",前往德寿宫拜见。

又一天,雨势依然绵绵,道路泥泞难行,太上皇赵构请孝宗的乘舆直接进殿门,但孝宗还是早早在望仙桥直街的德寿宫正门之外下了车,立于庭下问安。

太上皇赵构既感动又赞叹,道,"每见吾儿,则喜不自胜"。

为了满足高宗的享乐需要,孝宗花费巨资,在德寿宫内修筑亭台楼阁,栽种奇花异木。德寿宫的日常用度更是惊人,全年花销就达48万贯之巨。此外,逢年过节,以及高宗的生日,孝宗还另有进献。

平时孝宗也对太上皇赵构甚为恭敬,一直在两宫之间奔波请安。父子二人相处甚洽,其乐融融。

一日,宋孝宗派人到德寿宫,向太上皇上奏:"连日天气甚好,欲一二日间,恭邀车驾幸聚景园看花。取自圣意,选定一日。"

太上说:"传语官家,备见圣孝。但频频出去,不惟费用,又且劳动多少人。本宫后园,亦有几株好花,不若来日请官家过来闲看。"

次日,进过早膳后,车驾与皇后、太子到德寿宫,与太上皇和吴太后一起,至灿锦亭喝茶,召集众臣同宴,再至后苑看花。众人赏花看景,登舟游湖,看戏、听曲、饮酒。①

淳熙三年(1176)五月二十一日,太上皇赵构70岁生日。孝宗事前十来天到德寿宫进香,奉上银5万两、绢5000匹、钱5

---

① (宋)周密:《武林旧事》,北京:中华书局2007年版,第195-196页。

万贯、度牒100道及金银器皿等众多礼物。

当天,孝宗又率皇后、太子、太子妃、文武百官,一起到德寿宫为太上皇祝寿。

众人一起宴饮,观舞赏乐。酒喝到五盏时,太上皇赐给孝宗自己的书法作品《急就章》《金刚经》,孝宗则呈上真草书法《千字文》,太上皇看了甚喜,称赞其笔力大进。

太上皇、孝宗都已七八分醉,孝宗返还北内时,太上皇叮嘱下人:

"官家已醉,可一路小心照管。"

次日一早,孝宗派人至德寿宫,问候太上皇及太后起居情况,并意欲到宫谢恩。太上皇亦询问孝宗的起居情况,并免去其到宫行礼环节。[1]

淳熙十年(1183),八月十八日,钱塘江大潮之日,孝宗邀太上皇、太后往浙江亭观潮。

当日,用过早饭后,御辇檐儿及内人车马,并出候潮门。先命修内司于浙江亭两旁,准备了席屋50间,装饰了彩布、帷幕。澉浦金山都统司水军五千人,及殿司新刺防江水军、临安府水军,一起进行检阅。军船千艘,分布五阵,乘骑、弄旗、标枪、舞刀,如履平地。

又放烟花,待烟花散尽时,千船尽藏,江上不见一只。

---

① (宋)周密:《武林旧事》,北京:中华书局2007年版,第198页。

民间弄潮儿,有百余人,皆手持十幅彩旗,浪头夺标,直至海门迎潮。

太上皇见之,大喜,说:"钱塘形胜,东南所无。"

孝宗起奏曰:"钱塘江潮,亦天下所无有也。"①

宋孝宗赵昚,年轻时发誓要振兴南宋,收复中原。

他每天操练武艺,即便遇到阴雨天气也演练不怠。一日,孝宗跟人打马球,马受惊后疾速冲驰,一时无法勒住缰绳,马从门洞穿过,孝宗的额头撞在门檐之上。众人大惊失色,皆跪倒在地。只见孝宗勒住缰绳,以手扶额,左右扶他下马之后,依然神色未变。

在德寿宫,父子之间交谈最多的话题有两个,一是招募人才,二是收复失地。

对于人才,两人意见极为统一,都要通过科举取士。

对于抗金与收复中原一事,两人似有不同看法。即位之初,孝宗便锐志北伐,但太上皇却要他收回成命。在南宋诸帝中,孝宗也许是唯一欲有作为的君主,太上皇的牵制和干扰,无疑令他束手束脚,有心无力。

在收复大业上,太上皇一再警示孝宗:"一旦用兵,对方不过事关胜负,于我大宋却是关乎存亡!"

---

① (宋)周密:《武林旧事》,北京:中华书局2007年版,第206页。

孝宗在处理政事上，对于高宗的意见是言听计从的。某次，一名地方官因犯赃罪被罢免，高宗庇护此人，要求孝宗将其官复原职。孝宗以此人罪行属实，一时没有同意。高宗大怒，孝宗只得告诉宰相："昨天太上皇十分生气，朕恨不得能找个地缝钻进去。纵然此人是大逆谋反的罪过，也必须要放了他。"

也正因此，孝宗在处理军国大政时，也要听命于高宗。他大力整顿军队，提高战斗力，为北伐做准备。在隆兴和议签订前，他对于和还是战的态度时有摇摆，最终在太上皇的逼迫和主和派的压力下，接受了屈辱的和约。最后，主战派的大将虞允文去世，使得孝宗的中兴大计、恢复中原的愿望落空。南宋再也找不出像虞允文那样坚决主战又有才能的大臣，主战派不少干将都已亡故，孝宗既痛心又无可奈何。最终，锐气渐退，到了淳熙年间（1174—1189），也就是孝宗任上后期，在内外政策上都趋于平稳，南宋朝廷又陶醉在偏安一隅的升平景象之中。

孝宗赵昚为人勤政、节俭。孝宗统治时期，南宋国力最强，政治繁荣稳定，社会民生富庶，人民安居乐业。政府重视生产，劝课农桑，兴修水利，境内康宁，史称"乾淳之治"。

宋孝宗在位27年，其中25年处于太上皇的掣肘之下。德寿宫无疑也成了南宋皇权的副中心。

在德寿宫，赵构做了25年的太上皇，直到81岁病逝。他也成为中国历史上少有的长寿皇帝。

之后,孝宗在德寿宫西侧修建了慈福宫,请吴太后居住于此。

高宗去世后,孝宗也已锐气尽消。两年后,即淳熙十六年(1189),孝宗效仿高宗退位,正式禅位于太子赵惇,这也就是南宋的第三个皇帝光宗。

孝宗做了太上皇,也退居到了德寿宫。此时的德寿宫,已被改扩建成"重华宫",作为孝宗和谢太后的退养之所。"重华宫"和"重华殿"二匾,是光宗皇帝手书。

孝宗对光宗的治国能力始终存疑,下诏"一月四朝",即每月四个固定的日子,光宗须前往重华宫朝拜太上皇孝宗。不过,这一约定很快难以为继。光宗继位后,前往重华宫朝拜的次数甚少,尤其在绍熙二年(1191)举行"初郊"大典期间,光宗精神失常,之后就彻底停止了过重华宫朝拜太上皇的仪式。

光宗怠慢太上皇的行为,在群臣之中引发了震动,群臣纷纷上疏,冒死直谏。

尤袤上奏曰:"寿皇事高宗二十八年如一日,今日宗社付陛下,当思所以不负其托,望勿惮一日之勤,以解都人之惑。"[1]

几天后,光宗终于去重华宫看望孝宗了。

孝宗在重华宫住了5年,于绍熙五年(1194)六月驾崩,光

① (清)朱彭等:《南宋古迹考》,杭州:浙江人民出版社1983年版,第27页。

宗公开拒绝前往重华宫主持太上皇的后事。

由此,在韩侂胄、赵汝愚等大臣拥戴下,光宗唯一的儿子嘉王赵扩,在不知情的状况下,由太皇太后吴氏主持,在重华宫太上皇灵柩前黄袍加身,此即宋宁宗。

高宗、孝宗的两次内禅,都是皇帝自愿自主的行为,而光宗时期的"绍熙内禅",则无疑是一次皇宫里的和平政变。

它也是南宋皇权兴衰的一个重要分水岭。内禅以前,皇权相对稳固,内禅以后,权相、权臣频出,皇帝甚至不能制约,直至南宋灭亡。

宁宗上任后,光宗已成新一任太上皇,但他拒绝像高宗、孝宗一样搬出皇宫,移居重华宫。无奈之下,宁宗只好先住到重华宫,直到5个月后,南内的新寝殿建造完毕,才搬回居住。

于是,南内"一宫住两皇",光宗一直占着原来的皇宫寝殿,直到6年后去世。

作为南宋王朝太上皇居住的宫殿,德寿宫经历了诸多变迁。

开禧二年(1206),寿慈宫发生火灾,不宜居住,谢太后搬回皇城。

德寿宫,作为南宋皇城组成部分,成为南宋一朝的时代缩影与注脚。在这里,浓缩了南宋的政治风云、兴衰更替。

■（北宋）赵佶《文会图》

1268年,德寿宫重新被启用,北面的一半建成"宗阳宫",用来祭拜道教太上老君;南面的一半则改成了民居,圈地改为路面,边上有一座桥,称为"宗阳宫桥"。

1279年,元人攻入临安,德寿宫退出历史舞台。

1290年,周密的《武林旧事》成书,全书十卷,追忆南宋都城临安城市风貌的著作,其中也记录了宋高宗在德寿宫的生活。

明清时期,在德寿宫的遗迹位置仍有大户人家居住的痕迹。到了新中国成立后,这块地面变成了杭州工具厂。

2022年,正月里的一天,春和景明,阳光热烈。德寿宫附近直吉祥巷的居民坐在楼下空地上悠闲地喝老酒。对于一墙之隔的德寿宫遗址上的事情,他们比谁都关心。他们生活了几十年的地方,从前是太上皇的地盘。这一点让他们很自豪。一道并不算太高大的宫墙,宫墙之内是历史,宫墙之外是当下。他们眼看着德寿宫那一片"荒地"摊开几十年,如今,一组宋式皇家风貌的建筑正拔地而起,愈来愈见气势。邻居们都盼着这德寿宫早点完工。说起来,也算是皇宫边的人家了。

一碗老酒,在阳光下泛着赭红的光,喝得两三个人脸上都有阳光意。老大伯说,我这日子,你说说,跟皇帝老儿比哪个更惬意?

旁边的人都笑起来:肯定是你比太上皇更惬意了。

第二章 地下故事

潮湿的遗址

组成这城市的并不是这些东西，

而是它的空间面积与历史事件之间的关系。①

——卡尔维诺

---

① [意大利]伊塔洛·卡尔维诺:《看不见的城市》,张宓译,南京:译林出版社
2019年版。

地　下

有时候,来自遥远地底那微微的震颤令人感到迷惑不解。那是大地深处的事情——轻轻的颤动在深夜里会被失眠的人捕捉到;或许天花板上的吊灯在不可觉察中晃动,也许是窗边的风铃若有若无地轻响一声,也有可能是门外的一树白玉兰,一夜之间花瓣飘落一地。

大概有13个月时间,一种极其轻微的震颤,一直在工学博士、岩土工程师李瑛的脑海里传导。白天和晚上都有——白天还不那么明显;夜深人静的时候,那震颤则分外清晰一些。

确切地说,那微微的震颤,来自德寿宫遗址的地下。

4月,杭州晚春的风里带来雨水的气息,德寿宫围墙外边的中河岸边杨柳依依,水流平静和缓。在同一时间,更多的雨水则在地底下秘密汇聚,悄无声息地流淌。

在某些夜晚,李瑛似乎能确切地感应到那小小的震颤正从地底传来。也许,大多数人无法感知那来自地下的变化,甚至连想都不会想到,在平常的地表之下,还蕴藏着那么多的水流。

但对于从事岩土和地下工程这一行的李瑛来说，那处于黑漆漆地底的隐秘之处，恰好藏着他时常牵肠挂肚的事物。

你甚至都不知道，那么多的水是从何而来。水在地下汇聚成河，泥土与岩层对它们几乎没有太大的阻碍，而水的问题，成为德寿宫遗址保护中需要首先攻克的难题。

根据地质资料，大约2500年前，西湖还是一片浅海湾。之后由于湾口泥沙长年累月地沉积，在吴山和宝石山之间，形成了一道天然沙堤，西湖开始与大海逐渐分割开来，高潮时海水涌进，低潮时海水退出，成为一个"潟湖"。那时西湖的水仍是咸水，尚无法饮用。

到了汉代，华信修筑土塘，阻挡海潮，到吴越国钱镠时期，西湖水与钱塘江水才真正隔绝开来。与此同时，现今杭州市区的西湖东部平原范围日益扩大。

唐代时，杭州刺史李泌在大历年间（766—779），发现西湖水已清淡可饮，又有泉眼流入西湖东部平原，于是发动居民在湖滨一带开挖相国井、西井、金牛井、方井、白龟井、小方井等六口大井，用暗渠把西湖淡水引入井内，以供居民饮用。[①]据1930年的统计，杭州市拥有水井4842口，供50万人饮用。1931年，杭州市创办自来水厂，引钱塘江水作为水源，井水开

[①] 苏东坡："杭之为州，本江海故地，水泉咸苦，居民零落，自唐李泌，始引湖水作六井，然后民足于水，井邑日富，百万生聚待此而后食。"

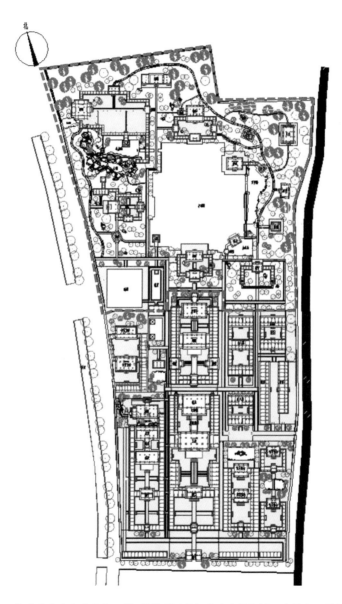

■ 北苑在德寿宫中的位置(红线范围)(浙江省古建筑设计研究院复原图)

始成为饮用水的辅助水源。

这座城市因水而生，钱塘江带来绵绵不绝的涛声，西湖赋予这座城市美的精神。历朝历代的人为这一方水土而折服，在这里停下迁徙的脚步。许多年后，在21世纪20年代，人们依然从世界各地慕名而来，其中很多都是奔着这座城市的山水风光而来。

水给了这座城市以灵气。

除了地表的水，更多的水还隐藏在这座城市的地下。近年来，杭州的地下水位平均在1.2米。也就是说，在这条水位线之下，一切都是潮湿的，水将它们包裹，封存在地表之下。所谓"地气"，其实也蕴含"水汽"。

浙江省处于典型的亚热带季风气候区，雨量充沛，季节变化明显。浙江省已发现的很多遗址附近，都分布有丰富的地表水和地下水。从地质条件看，杭嘉湖平原分布着深厚的淤泥土，钱塘江两岸分布透水性好的粉砂土。潮湿环境增加了遗址保护难度，已经成为浙江省乃至我国南方地区文物保护的难题。

受钱塘江冲积影响，这座城市中河高架以东的城区基本建在粉砂土地基上，粉砂土透水性极好；以西的地方则以淤泥质土为主。这两者都属于软土地基。在杭做过工程的人都知道，不管是造高楼还是挖地铁，基坑的开挖都须特别小心，因为土方开挖会导致周围土体位移,还会因地下水渗漏引起地面沉陷、产生坍塌等情况,这就是粉砂土的土层特点决定的。

大量水流穿越这样的粉砂土层而来。

随着数百年间城市建设的推进,南宋人在这座城市生活的遗迹已经被埋到了地下。翻开尘封的地层,往下走2米多,我们才能踩在南宋的御街之上。铺设齐整的香糕砖,依然是当年南宋皇帝们出宫走过的那些老砖。

宋高宗赵构居住过的德寿宫,也处在地面之下,当考古人员打下探方,一层层往下揭开秘密的时候,源源不断的地下水也同时将那些遗迹淹没。实际上,整座南宋临安城的遗址都像是浸泡在水中。如果把地下水浸泡中的遗址揭露出来,人们可以看到,那里将会重新形成一个大水坑。德寿宫遗址同样浸泡在水中。

在潮湿地区如何进行土遗址的保护与展示,是一个世界性的难题。德寿宫遗址项目面临的首要任务就是破解这一难题。

水　害

　　我们把德寿宫遗址打开，展示给当下的观众去看，说起来这是一件不难的事情。但是实际上，这是一个非常复杂的系统性问题。

　　如果只是停留在想象中，这件事的确不难。但是，只要一脚踏进德寿宫遗址保护现场，你就能感受到这件事的不易。

　　地下水埋藏浅的地方，很多泥土泡在水中，这会产生很多复杂的问题。比如说，有的地方露出水面——那么，这块土壤中的水分，就会通过空气不断蒸发，毛细水源源不断地把溶质搬运过来，在表面集聚，造成土遗址表面土体的疏松、脱落，或析出盐分、结壳，损害遗址及其保存的环境。

　　比如说，遗址所处潮湿环境，或者降水量充沛——这会造成低洼地带和遗址大量积水。在长时间积水的浸泡下，土遗址会出现软化、泥化现象，其力学性质也发生显著改变。

　　比如说，积水的水体富营养化——这将使浸泡中的遗址土体有机质含量明显增高,造成土体富营养化,这时候,表面就生长出苔藓,不仅把遗址文物的本来面目覆盖掉,还会改变遗址文物的表观结构,对遗址产生危害。

还有,相对温湿度的变化,还会引起土遗址内保存的木材、象牙等有机质文物的变化。

"病害",是文物保护界的常用词。在德寿宫遗址保护的过程中,病害的防治成为工作的首要任务。遗址封闭在土层中,就像一个人经过长期的磨合,已经完全适应了所处的环境,一旦外部环境被人为改变,就会产生不可逆的影响。虽说千万年的时光累积,本身就是对文物的一种塑造,时间要素参与了"文物"的形成,所经历的一切恰恰构成了文物所承载的信息——但是,文物一旦被人为破坏,那就是无法挽回的。在这一点上,不可移动的土遗址所面临的危害更大。

在国际上,很多土遗址保护方面的专家、学者,近年提出了一系列潮湿环境下土遗址保护的建议和技术方法。在国内,针对土遗址的保护,不管是策略还是技术上,都已经与国际接轨;土遗址的保护工作,得到前所未有的重视。2009年,土遗址保护良渚论坛在杭州举行,这次会议通过了《关于建设国家考古遗址公园的良渚共识》,形成了考古遗址公园建设的共识。

对于潮湿环境下土遗址的保护,最重要的事是,第一,防水;第二,加固。

在遗址的加固方面,国际上很多学者都有过深入的研究。有的是在土遗址表面,喷洒各种新型材料,对表面进行加固,同时又在土遗址的内部,使用高分子材料渗透固形,等等。有的用锚固、灌浆、支架加固等手段,形成潮湿环境展示类考古遗址的综合加固技术。加固技术在某种程度上,也是对材料的研究。

在德寿宫遗址保护方案出来之后,专家们在全球范围内考察了很多案例。如日本的吉野里瓮棺葬,采用的是地面原状展示,以及结构的不同展示,建立史迹公园,主要有露天保护、覆罩保护、地上复原、陈列和发掘现场展示。

意大利的费拉拉古城墙护城河,则是建成环城公园,将考古遗址的维护和文化、生态景观的建设保护融为一体。

在中国,比较典型的是兵马俑遗址的展示。兵马俑博物馆就是建立在兵马俑坑原址上的遗址博物馆。

通过对种种案例的考察与研究,吸取其经验。不可否认的是,土遗址的保护与展示,本身也存在着矛盾。如何更好地展示,更是世界性难题。除了水害、病害的问题,还有光照、紫外线、二氧化碳、大气颗粒物及挥发性有机污染,等等,都会对遗址产生某种程度的破坏。这些不利因素,在展示过程中,都是需要考虑的。

德寿宫遗址保护与展示工作,最终创造了全省乃至全国的

■ 西区遗址现状（2022 年摄）

"五个首次"——首次大面积露明展示地下遗址、首次原汁原味再现宋式官廷建筑、首次大规模数字化复原展示遗址、首次大面积开展南方地区潮湿土遗址保护、首次全面展示南宋历史文化与社会风貌。

在对德寿宫的遗址形成保护方案的时候,大家不可避免地想到了跨湖桥的独木舟遗址。

我查阅到一篇论文,《跨湖桥独木舟遗址区地下水渗流场模拟研究》①。这是一篇专业性很强的学术论文。跨湖桥遗址位于杭州市萧山区城厢镇西南约4公里的湘湖村。根据考古发掘,该遗址埋藏于现代海相沉积物下,在绝对无氧的封闭环境中,文物保存很好,但近代人类工程活动破坏了遗址的保存环境。

文中写道:

> 独木舟遗址位于浙江省萧山区,是浙江省迄今为止发现最早的新石器时代文化遗存。现场踏勘发现,破坏遗址原址保护主要环境地质病害是水的问题。

---

① 周丽珍、刘佑荣、陈刚、周海辉:《跨湖桥独木舟遗址区地下水渗流场模拟研究》,《安全与环境工程》2005年第1期。

地下水与地表水,对遗址的独木舟及相关木构件产生了侵蚀。在一段时间内,"独木舟及围岩处于饱水状态,并在一定范围内波动。这是导致独木舟及其他木构件含水量发生波动,进而使其发生严重的霉变腐烂的主要环境地质病害。"

因此,必须彻底抽干遗址周围岩土体中的地下水,同时杜绝其他水源对遗址地下水的补给,使之处于干燥环境。

同样,南京的报恩寺地宫遗址,也处在潮湿环境中。兰州大学的谢娜,在其一篇论文中,对报恩寺地宫遗址的潮湿环境与保护做了深入研究。她分析南京市近年来的降水情况、日平均温度变化以及年平均相对湿度,了解遗址所在地环境的潮湿程度,并运用资料分析、现场调研取样、遗址周边抽水渗水试验,以及地下水的水质分析测定等方法,分析了遗址区地下水环境、存在的主要病害及因素。

针对这些病害,作者提出了具体的保护措施——搭建保护房,修筑排水设施、截渗墙、集水井、反滤层,以及使用有机防风化的加固材料、建立气候环境监测系统等保护措施,使报恩寺地宫遗址得到科学合理的保护。[①]

潮湿环境下土遗址的病害,大多和水密切相关,因此首要问题是对水环境进行控制,也就是止水。

---

① 谢娜:《潮湿环境下古文化遗址保护措施研究——以南京报恩寺地宫遗址的保护为例》,兰州大学硕士学位论文,2013年。

止水的办法：南京报恩寺遗址建造了地下防渗隔水墙，还通过地表排水系统、地表硬化修整等措施，对地宫进行抢救；南越王墓则沿墓室四周，修筑了一道钢筋混凝土防水墙；蒲津渡遗址为控制地下水，建造了钢筋混凝土结构的扶壁式挡土墙，且在挡土墙底板做了防渗结构。

综上所述，多采用建造防渗墙，且防渗墙多为钢筋混凝土墙。

同时，因为潮湿环境下土遗址保护是个非常复杂的工程，为了最大程度地保护土遗址，建造地下的防渗墙，要求施工的工艺具有微扰动性、可靠性和耐久性。

止　水

　　在德寿宫遗址的地下，四周修上一道永久性的墙，将地下水隔断。同时，在遗址地表上建设保护棚罩，将潮湿环境改造为干燥环境，来对遗址进行保护。

　　这是针对德寿宫遗址的具体情况，最终确定下来的方案。

　　德寿宫的水环境控制，是重点和难点，其中水的来源有三种，一是上部的大气降水，二是侧壁地下水渗流，三是下部毛细水上升。相应地，施工方采取隔水、引水、防水三种措施对应处理。[①]

　　参与遗址保护方案设计和施工的单位很多，浙江省古建筑设计研究院、浙江省建筑设计研究院、浙江吉通地空建筑科技有限公司、广州市白云文物保护工程有限公司等，相应地，也投入了很多专业技术力量。

　　"可以说，我们在德寿宫这个项目上，开创了很多先例。"

---

① 彭艳丽、蒋建洪、袁俊、嵇威咸：《潮湿地区土遗址保护关键技术》，《建筑施工》杂志2021年第11期。

德寿宫遗址，开创性地采用了"止水帷幕"作为地下永久的防渗墙。

这是一道什么样的墙——这道墙的长度达440米，墙体宽度70厘米，深度达17—18米——这样的深度表示已抵达岩层。如果打个比喻的话，那就是在遗址的四面，围了一个水泥桶，把遗址整个儿地"装"了起来。

我在采访的时候，一次次听他们提到几个专业的术语，"TAD"（Trench cutting Assembled Diaphragm wall，全称是"渠式切割装配式地下连续墙"）很拗口对吧？"T"，表示"渠式"，指的是切割出来的。有一种大型机械，在地底下轰隆隆地运行，就像切豆腐一样，把大地切出十几米深的沟渠来。"A"，表示"装配式"，有一种工厂预先制好的水泥板，单幅的宽度为一米，长十七八米，这是一种高强度的混凝土板，随着机器切割的进行，这里把长长的混凝土预制板放下去，让板与板之间进行咬合。"D"，指的是"地下连续墙"，这一整套动作，达到的目的是"隔断"。

岩土工程专业的人，专注于地下的事情。尽管大多数男孩在他小时候会对挖掘机、起重机、工程车、打桩机感兴趣，大多数人长大后仍然离这些比较遥远，工程依然是一件极需要理科思维的工作。光是那些行业术语就足够枯燥了——而要把施工工艺讲清楚，行文中要避开那些术语几乎是不可能办到

■ 德寿宫后苑园林(浙江省古建筑设计研究院复原图)

的事。

我先后采访吉通公司的蒋旭钢、浙江省建筑设计研究院的李瑛。作为工学专业人士，他们极富耐心地向我讲解这些技术要领，以便我能理解一些工程上的概念，例如"TAD"与"TRD"的区别——实际上，前者TAD是在后者TRD基础上的创新，改造了传统的地连墙的连接方法，消化吸收了国外的相关技术，创造了TAD工法。

读到这里，你一定疑惑不解：是什么样的"钢铁怪兽"，可以像切豆腐一样切割开大地？

李瑛向我讲起一件往事。10多年前，国内引进了第一台TRD设备，还是二手机。在那之前一年，全球爆发了金融危机，日本的经济大受影响，有人抛售这种机器——你猜猜多少钱一台？2000多万元人民币！2009年，这还是二手机，真是贵得吓人。

但是毫无疑问，这个技术在当年还是非常稀奇又稀缺的。

TRD工法，最早是由日本神户制钢所开发的一种新型水泥土搅拌墙施工技术，发明于1993年。当然，这个工法引入国内10多年之后，这个技术包括机器，在国内已经应用广泛，毫不稀奇了。但在当时，引进这样的机器几乎就是惊为天人的事。这个机器在岩土中前行，靠的是一把"锯子"——也就是切割泥土的链条，或者说"刀排"——光是这样的一副"刀排"就要100

多万元。有时候在切割的时候,碰到极其坚硬的岩石,"刀排"一下子受损断裂,100多万元就掉进"无底洞"了,要知道最深的切割可能达到60米深——这样的深沟,100万元"掉"下去,眨眼就消失了。

在10多年后的今天,吉通公司已经拥有20多台这种切割泥土的"钢铁怪兽"——最初是在杭州应用,后来浙江大地上渐渐多起来,再后来上海、北京、郑州、南昌等全国各地,都开始应用这个技术。

这台"钢铁怪兽"趴在大地上,把链锯式刀具箱竖直地插入地层中,这个刀具一截一截接起来,可以达到几十米深;然后,机械作水平横向运动,同时链条带动刀具,高速上下回转运动,搅拌混合原土并灌入水泥浆,形成一定强度和厚度、没有接口的等厚连续墙体。这种墙体,其止水防渗效果,远远优于柱列式地下连续墙和柱列式搅拌桩加固。

TAD工法,是在这个操作上更前进一步——无须在现场制作钢筋笼、浇筑钢筋混凝土连续墙,只要把预制构件装配起来就行,可以节省一半的施工工期,也不再产生泥浆外运,质量可靠,适应性高,在狭窄的场地也能施工。更重要的是,在德寿宫遗址这样的地方,TAD的工法,大大减少了对遗址地层的扰动,避免了对遗址可能产生的破坏。

"在土木工程领域,很少会有开天辟地意义的创新。"李瑛这样说，"很多时候，只是站在巨人肩膀上的一点点前行。光是这一点点前行，一点点微不足道的创新，也已是了不起的成就。"

每一次的创新，毫无疑问，都要承担相应的失败风险。德寿宫遗址的止水帷幕施工，就一直让人悬着一颗心，毕竟地底下的事情看不见摸不着，什么情况都可能发生，谁也不能保证百分百成功。

"这个工艺到底怎么样？在德寿宫遗址运用，行不行呢？"

方案开始之前，这样的疑问就很多。是现浇地下连续墙好呢，还是用现浇的咬合桩好呢，或者考虑用别的方案。在德寿宫，怎样解决水的问题，看起来是一件小事，实际上这是一个科学问题。

甚至可以说，这是在科学、技术与工程极大进展的21世纪20年代进行的工程学意义上的一次技艺实践。

如果宋高宗有幸活到今天，他一定会对这一切瞠目结舌。

对于水患的治理，他有相当多的经验。重大的事情，比如治钱塘江潮患。绍兴二十二年（1152）十一月，吏部尚书林大鼐上言，因钱塘江堤屡修屡坏，潮水泛滥成灾，请求重修开元寺和六和塔，高宗准奏。历经26年的漫长修筑，隆兴二年（1164），新六和塔竣工，改九级为七级，此时高宗已经退位，继任的孝宗赐"慈恩开化教寺"匾额，从此，"江潮平善，舟楫无虞"，六和塔重新成为钱塘江畔最醒目的地标。[①]

高宗可治大江，也善治小渠。他可以让人截断一条河流以便扩建德寿宫，也可以命人挖出一条小渠引入西湖的水，以便在后苑建造流水潺潺的园林景观——总之，对于水的治理，在高宗看来，绝非难事。

但是，即便如此，他也一定对德寿宫地底下的水流束手无策。

问题出在这里——本来预计 TAD 的链锯刀具能直插 40 米的地层深处，然后像切豆腐一样轻而易举地切开大地，但是后来刀具碰到了一层硅质白云岩。太硬了。刀具怎么切都切不过去。

工程人员经过研判认为，在这层岩石上进行 TAD 的止水帷幕建造是可以被接受的——你把遗址看作一个六面的"箱体"，只要四周和底部的"箱壳"可靠，同样能达到隔断止水的目标。

一整个箱体在"钢铁怪兽"的运行下浇筑完成。德寿宫遗址被围绕在一个箱子里。在随后进行的为期数月的监测中，工程人员发现，"箱体"内部的泥水中某几处地方还在"冒泡泡"。

---

① 重修史事记录在一块名为"尚书省敕赐开化寺牒碑"的石碑上，埋进六和塔塔基的砖墙。

这不是一个好现象。"冒泡泡"——这就是管涌，水并没有止住。

意味着箱体外的水，正从某些隐秘的角落源源不断地涌到箱体内部来。

让我们重新看一下TAD工法中，插入混凝土预制板材的连接结构——这是一种类似榫卯的卡扣结构，板材与板材之间还要进行"全方位高压喷射工法桩"，也叫MJS——用细的镀锌管插到底部，以高强度的水泥浆喷射在连接缝隙中，用来防渗。可以说是重重设伏，层层保险，水流要从这样的壁侧渗漏通过，绝无可能。那么，漏洞出在哪里呢？

经过研判，症结找到了——就是处在底部的硅质白云岩。岩层的表面，并不是平整的，而是起伏不平。刀头在触及这些岩层时无法将其顺利打碎，因此当预制板插入之后，岩层的较高部位已经触达，而岩层的凹陷部位则留下了空缺——水就从这些地方涌入了。

那么，在长达400多米的"箱体"围合中，这样的漏点，又如何确定呢？

这一度让施工人员犯了难。

初春时候，面对未能取得预期止水效果的情况，李瑛承受着很大的精神压力。

■ 中区大殿院落（2022 年摄）

李瑛,先后求学于西南交通大学和浙江大学,现任职于浙江省建筑设计研究院,从事岩土工程设计和咨询。

作为德寿宫遗址止水帷幕设计的项目负责,在设计图纸上签字盖章的人,李瑛对整个项目负有关键的责任。这些年来,他参与了许多重大工程,其中包括杭州火车东站西广场、萧山国际机场交通中心、杭州环城北路提升改造工程、杭州国际金融中心(江河汇)、杭州火车西站站城综合体、杭州蜻蜓停车场、杭州景芳园超深立体车库等。

作为一名国家注册土木(岩土)工程师,李瑛的工作都是关注地下的事——在深基坑绿色支护结构、承压水处治、微扰动施工工艺、盾构隧道结构安全等问题,他都持续跟进研究,取得了不小成绩。

"想想还是很自豪的,能够参与这座城市的建设,也参与了这个时代。"

德寿宫遗址项目,对于李瑛来说,也同样是开创性的探索——TAD工法因为对周边环境扰动小,在地铁等重要项目上有所运用,而南方潮湿环境下的土遗址保护作为重大课题,也得到了浙江省建设厅和国家文物局的支持。各方人员都希望能借此探索出有益的经验来。

但现在,TAD的现场施工阶段,工作未能取得预期的结果,下一步能补救吗?

李瑛还是自信的。

又一个阶段的工作开始,此时,施工人员——准确地说,李瑛让现场委托专业单位进行"物探",这个叫作"阵列式微电流场成像法"的专利技术,全国能做的单位不多,技术含量很高。"物探",即"地球物理探勘",是运用地球物理学原理和方法,进行地质勘测和研究的勘探技术。因为组成地壳的岩石类型、地质构造和地下水特征等不同,形成了特有的物理场,通过仪器测试,将所测得的数据加以分析,从而推断出地下地质构造和矿体分布情况。

"物探"的结果,是对德寿宫遗址地下的土体进行检测,利用波的反射,精确地检查出了止水帷幕的漏点所在。

就像是给止水帷幕的地下做了一次全身"CT"。

接下来就是针对漏点,进行"MJS补强"。

MJS工法,采用水泥浆,喷浆压力40兆帕,直达漏点,一边超高压喷浆一边吸浆,保持地内压力稳定,使深处的排泥得到合理控制。这种工法跟传统高压喷射注浆比较,大大减少了地表变形、建筑物开裂、构筑物位移等情况。而最大的缺点是,单方造价较高——MJS工法的造价约是传统高压喷射注浆单方造价的5—8倍,这也是MJS工法没有广泛应用的主要原因。

这个阶段完成后,再次对止水帷幕的地下状况做了一次"CT检查"。结果显示,补漏效果不错。在"物探"仪器显示器上，原来的红色图形，都变成了蓝色。

所有人长舒了一口气，内心的石头终于落地。

止水帷幕围合面积：4918平方米。德寿宫止水帷幕的探索性实践，将为我国潮湿地区遗址保护，提供新的防渗墙形式借鉴。

此时已是3月底，与德寿宫不远的西湖边已经柳暗花明。放在800多年前，宋高宗该要去聚景园里走走了。

故　事

在我面前有两块泥巴。

游上海把两块泥巴分别丢进一次性塑料杯,再拎起一把热水壶,把滚烫的热水倒进杯子。一块泥巴很快在水中"土崩瓦解",他把杯子摇了一下,热水变成了浑浊的黄泥汤。

另一个杯子,再怎么用力摇晃,那块泥巴还是完整如初,热水也依然清澈。

"这一块泥巴,就是我们用加固材料处理过的。"

游上海是化学专业毕业,没想到居然会跟文物打交道,而且一入行就是十几年。白云文保这些年,在国内遗址修复和保护方面颇有建树。南方潮湿环境下的土遗址保护,他们做得比较多。很多非常专业的防护材料,如加固材料、修复材料等,都需要相当深入的研究。

德寿宫遗址保护棚罩结顶完成后,白云文保就早早进场了。一方面,要做遗址现状勘查、病害摸排,同时把这些情况一一登记在案;另一方面,先对某些需要修复的小区域进行修复试验,确认没有问题后,再大面积展开修复和保护施工。同时,留存前后对比照片,建立翔实的修复档案。

文保人员对待遗址的每一个动作都要小心翼翼。

遗址表面暴露在空气中,如果不加处理,随着时间的推移,有的就会发生崩解、破坏。他所做的工作就是让遗址内的土块、砖块用材料进行加固,防止遗址因种种因素的侵袭,而出现塌陷、风化,同时,也起到预防霉菌和青苔滋长的作用。

有的遗址,时间长了,可能会析出硝盐。这种盐会让土层产生粉状或片状剥落,这就是风化。这些都是他们做文保工作的内容。说起来很简单,其实做起来是非常琐碎和细致的工作,就如同是给文物"治病",需要极大的耐心,也需要精湛的"医技"。

更多的时候,是要"预防",把工作做在前面。

举个简单的例子,比如遗址上的泥土,在某些条件下,很容易长青苔。这怎么办?

游上海说,景德镇的御窑厂遗址,他去看了,藻类、苔藓很多,那地方一下大雨就渗水,一出太阳温度就升高,植物微生物长得特别多,这种情况,对于遗址保护是非常不利的。

那么要如何预防呢?一是止水。就德寿宫这样,四面做好止水帷幕,把水分阻隔在外。遗址上方,也做了大型的保护棚罩,遮挡天上降水。还要及时监测地下水位。比方说,这块遗址下有少量的溶洞,那么它就会渗水。怎么预防呢,就要在几个区块中,设置集水井,安装水位传感器,对地下水位进行日常不间断的智能化监测。

还有空气的温湿度,室内外都要监测,一年到头都要监测。如梅雨季时,棚罩内的空气湿度会比较高,4月至10月容易造成遗址土层内微生物的生长繁殖。所以要用自然通风、机械通风和空调系统相结合的方式,对遗址区进行制冷供热,维持湿度。

说到遗址的土层,其实并不是完全隔绝了水分就行。土层还是应该要保持一定的含水率,一般表面在10%左右为好,深部的含水率在20%为宜。太干的话,土层也会开裂,这对遗址也是不利的。

还有,要控制光照。像有的地方,假如有自然光照进来,那里的苔藓就会长得特别多。有的地方,用玻璃罩罩住遗址,但阳光能照进。过不了多久,那里的苔藓就会疯长,在整块地方都长起来。

原理很简单,应该控制光照。控制了光线的照射,就可以抑制植物微生物的生长。德寿宫的遗址里,未来对于光线的要求,是非常高的。"到时你可以留意观察一下。"

在遗址区的西面,有一个长约9米、宽约8米、深约1米的水池遗迹。

这个水池中立有86根松木桩。

专家说了，水池底部的方砖是南宋早期的。很明显，这是秦桧家的地面。后来这里被修建出一个水池，打上松木桩来固定建筑底部，上部再营造假山，成为北内园林景观的一个局部。

松木桩揭露后，如何进行保护，就是一个重要命题。

每一块砖，每一方土，每一根木头，都是文物，是历史的遗迹，应该被认真对待，何况还是德寿宫的松木桩呢。松木桩揭露出来，能向观众很好地展示水池建筑方式，同时也表达了德寿宫不同时期的演变关系，讲述当时的故事。只是这木桩一半露在空气中，一半埋藏在地下，需要确定保护方案。在这一点上有两种意见。一种意见认为，应该把松木桩保存在水中，维持其饱水的状态，这对保存有利。但会不会对附近的遗址产生影响呢？另一种意见认为，可以做干法保护，让木头自然干燥，可以保存得更好。但是，如果木头失去了它原来的环境，会不会干裂、剥落呢？

在之前的同类遗址保护案例中，这两种保存方法都有过尝试，各有利弊。那么德寿宫的松木桩到底如何保存，还有一个试验和论证的过程。在这一方面，国内有很多专家在做着相关研究。

这是一份德寿宫项目建设的时间表,张贴在项目施工现场。我抄录在这里——

> 2020年12月28日,德寿宫遗址保护展示工程暨南宋博物院(一期)开工典礼;
> 2021年3月,止水帷幕施工;
> 2021年5月20日,止水帷幕完成;
> 2021年8月,钢结构施工;
> 2021年10月,钢结构完成;
> 2021年10月,仿古建筑施工;
> 2021年12月,遗址开挖及保护施工;
> 2021年12月,遗址数字化展示和展厅展陈施工;
> 2022年1月2日,室外市政、景观施工;
> 2022年4月30日,仿古建筑完成;
> 2022年5月30日,遗址开挖及保护完成,遗址数字化展示和展厅展陈完成,室外市政、景观完成;
> 2022年6月8日,项目竣工。①

这样一份时间表抄录下来,是有历史意义的。也许在建设过程当中,一些时间节点会有前后调整,尤其是在新冠肺炎疫

① 以上时间节点,按作者采访时所见的资料抄录,项目实际完成的时间有所延后。

情反反复复的情况下,整个项目几乎是与病毒在争夺时间——但无论如何,这份时间表依然是有意义的。想象一下,如果把时光往回调800多年,德寿宫的建设如果恰好也有这样一份时间表,两相比较,会不会很有意思?

"德寿宫项目是对遗址本体及其出土文物进行保护、收藏、研究和展示,同时建设集科研、教育、游憩于一体的公共文化服务设施。项目用地面积21367平方米,建筑高度18.6米,总建筑面积12659平方米,露明展示面积近5000平方米,地表标识及模拟展示面积300多平方米。总体建筑布局以综合文献和考古推测的德寿宫原有格局为依据,延续了德寿宫'南宫北苑'的格局,主要通过中区保护厅棚、西区保护厅棚两组主要建筑来标识展示德寿宫两宫并列的特征。"德寿宫遗址项目现场,一块展板上写明了建设信息。

南宋的人们,将会对2022年的人们做事的效率感到震惊。

杭州德寿宫遗址保护展示工程建设副总指挥姚春宇,每天几乎都会出现在现场。随着项目的推进,德寿宫遗址项目雏形日渐清晰。几个月后,这里将成为杭州首个规模性展示南宋历史文化的地标建筑。

每一处的遗址细节,都在讲述着过去的故事。

游上海在杭州待的时间很长了,加上疫情反复,他已经好几个月没有回广州了。他住在项目部的宿舍,临时办公室也在项目部,与德寿宫遗址朝夕相对。

他是广州白云文保的员工,主要工作是为德寿宫遗址本体"防病治病"。"在一块遗址上,不管展示得怎么样,首先还是要保证文物要保护好!"每次开会的时候,领导都会这样强调。说来说去,不管建筑做得多好看,多精致,最重要的还是把文物、遗址本身保护好,可不能本末倒置。

文物与遗址是历史,更是留给后人的遗产。

我第一次去项目上采访,找到浙江省三建建设集团的朱永。聊了一会儿,朱永就说:"我们做了一件很重要的事,就是在施工之前,编写了施工过程中的遗址保护方案!"

这是一项开创性的施工方案,目的是保护地下遗址。这么大的施工面,地下全是需要保护的遗址,一个榔头掉下来,说不定就会砸坏一块皇帝家的地砖。这对于施工是很大的考验——不让"榔头"掉下来还是小事,要在大遗址面上施工,又不能铺设满堂落地脚手架,那可是真正的大难题。

所以浙江省三建建设集团特别为德寿宫项目设置了一个课题:如何在保护性措施下进行施工。

浙江省三建建设集团和分包单位一起,探讨研究出了一个"利用钢桁架穿挂钢管搭设操作平台"的方法——通俗地说,就是在一个巨大的遗址面上,用钢管穿挂,搭出来一个"虚拟的地面",这是悬空在遗址上部的平台——要知道搭建这个悬空平台难度有多大——平面的最大跨度达43米,搭设拼装完成的"大坪桁架"达六七十吨,得用400吨的吊机,把这个大家伙拎起来,然后装配完成。

这个平台的完成,保护了遗址层,也为顺利施工提供了平台,同时节约了原本搭设满堂脚手架的成本。施工人员进出、施工材料的搬运,都不通过地面了,而是在这个巨大的悬空平台上进行。

德寿宫遗址上的施工,有其特殊性,碰到的往往都是新问题,是大家在以往的项目中从未遇到过的。这就需要开创性的方法。有时,为了确定选用哪一种施工方式,浙江省古建筑设计研究院作为设计单位,也会和建设单位"拉锯"好几个月,直到一起探讨出一个合适的方案,才能往下推进。

比如,西区遗址保护棚的屋面系统和机电设备的安装,原先预想的是在回填后的遗址面上,逐层垫高保护层,搭建简易操作平台。但通过计算,这样可能对遗址产生不可估量的影响。为了找到对遗址最小扰动的施工方法,各方开了将近20次会,有时候讨论到夜里10点多,大家一起,集思广益终于寻找到了解决办法。

浙江省三建建设集团这一头,有两项创新性课题在省厅立项,三项课题在省创新协会立项。

此时，2022 年的暮春已经到来。遗址上棚罩已经建成，4000 余立方米遗址的露明展示已经揭开，考古人员与文保人员还在遗址上做着细致的清理和保护工作。展馆面积巨大，气势非凡，站在这里不禁让人穿越 800 多年时空隧道，回到南宋的时代去。

宋孝宗效仿宋高宗，也将帝位禅让给了光宗。此时，他在重华宫里安享退休生活。春赏海棠夏赏荷，秋赏芙蓉冬赏梅。秋天时间，假山旁的芙蓉开得正盛，孝宗来到连廊下赏花，水池中的金鱼自在游弋，无忧无虑。

孝宗不由感叹一声："此非人间之乐也。"

讲　述

> 无论我怎样描述采拉这个有许多巍峨碉堡的城，
> 都是徒劳无功的。我可以告诉你，像楼梯一样升高的
> 街道有多少级，拱廊的弯度多大，屋顶上铺着怎样的
> 锌片；可是我已经知道，那等于什么都没有告诉你。
> 组成这城市的并不是这些东西而是它的空间面积与
> 历史事件之间的关系……①

卡尔维诺这样描述城市与记忆之间的关系。同样，今天当
我们走进德寿宫遗址的时候，也并不仅仅关注那巍峨精美的宋
式宫殿，还会关注那数千平方米的遗址——

它们原先埋藏于地下，如同埋藏在岁月深处，如今它们被
揭露出来，展现在世人的面前。此刻展现出来的，并不只是整
齐的香糕砖地面、残存的磉石基础、水池中未被毁朽的松木桩、

---

① [意] 卡尔维诺：《看不见的城市》，张密译，南京：译林出版社，见《城市与记
忆·之三》。

引水沟渠的残留部件,与它们同时被揭露和展现的,还有那个时代的生活与记忆。

这需要一定的想象力——如何让眼前的土方墩立起来,让家具布满这些空旷的房间,让后苑的绿萼绽放,让宫墙上的小门虚掩,一个在宫内负责采买的人怎样沿着连廊匆匆行走;穿过宫墙的小门,市声如何喧闹,生意怎样繁忙,而两三个老人坐在河边,讲述前一晚几个年轻人在酒家喝醉了酒,如何闹成一团……

遗址保护展示小组的成员许多次走上遗址的栈道,在场馆尚未完全建成的时候。那时考古人员还在遗址上细心清除地表的浮土;文保人员在那里修复遗迹,给一些容易剥落的泥土涂上加固材料;另一些工人则在场馆内布置灯光,以便在隐约昏暗的室内场馆照亮游客的行走路线和需要重点呈现的遗迹,灯光是根据要求选取的特殊波段,这样在为遗址提供光线的同时,又不会对遗址产生破坏性的副作用。

他们的工作,就是在这样的行走时,一边在心中构建遗址上的故事,一边模拟观众的心思。这或许很微妙,需要在不同的身份之间做切换。怎么让坑坑洼洼的遗址,变得让游客读得懂,喜欢读?

遗址的展示与解读本来是一件很专业的事,遗址本身的可看性较弱,要让普通大众感兴趣,显然需要动用很多技巧。在

■ 四层下香糕砖地面及北侧砖墙（南—北）（2022年摄）

■ 四层下遗迹全景（北—南）（2022年摄）

德寿宫偌大的遗址范围内,已考古发掘的只是其中很小的一部分。整个区域里,北部那个宏大的园林区依然埋藏在地下。这是城市考古的局限性所致。

首先,她要在心里建构一个系统。这一小块的遗址展示,现场所能看到的毕竟有限而单调,需要跟博物馆展示、数字化展陈同步展开,增加丰富性。同时,德寿宫还是南宋临安城的一部分,要讲出"北内"与南宋皇城、临安城的关系,以及南宋与当下的关系。眼前所见,只是一个线索,或者只是一扇小窗——放大,放大,放大,然后由这个线索引入,从一扇小门侧身而入,就能进入一个广阔的历史时空。

一处遗迹,一件文物,都来自某个历史时空。把它放在不同的背景之下去观看,它的意义是不同的,它能在观众心中产生的波动也是不同的。

其次,德寿宫遗址上的地层叠压关系,在很多地方显得有些复杂。地层关系被打破了。实际上,德寿宫在后世发生了很多变迁。一座宫殿变成了道观,变成了民居,变成了荒地,变成了工厂,等等,明代的人在这地块上打井,清朝的人在上面盖房,总之,这块遗址棚罩的西北部,许多地方具体的建筑形制、用途尚未有明确结论,这也给遗址的解读带来难度。

我们要怎么串接遗址上的这些故事,使其呈现一个完整的德寿宫故事体系呢?"在你工作的过程中,花费心思最多的是哪个部分或环节?"我问昕怡。

"怎么讲故事啊?"昕怡说,"我们得跳出自己的专业范围,站在观众的角度去想一想,然后把遗址的价值传递出来。"

遗址内涵,只有变成公共知识,产生公共传播,它的价值才能最好地体现出来。考古也好,古建筑也好,本来都是很专业和艰深的东西,有其科学性的要求。只是,在向大众传播的过程中,一定要有故事思维,把故事讲好。

这是一座800多年前的宫殿组群,"退居二线"的宋高宗、宋孝宗都在这里过着养老的生活。

800多年后的人们走进这里,将用一种新的方式,打开"宋式生活"。再现德寿宫,按照"南宫北苑"格局重建宫殿建筑组群,从望江路的南大门进来,登上高高的台阶,就进入了重华宫的宫门。

这是德寿宫项目中,最为精华、价值最高也最具可看性的宫殿,其主殿开间约29米,是目前杭州城内已发掘出土的规模最大、规制等级最高的皇家宫殿建筑。

在这座大殿的下部,就是南宋时的遗址,地面上的建筑完全按照地下的布局,对应着"生长"出来。这些遗址经过考古分析,与《思陵录》上的记载完全一致:"正殿五间,朵殿二间,各深五丈。内心间阔二丈,次间各阔一丈八尺……"

现在的人重新按照宋代风格,"复原"出一座宫殿来,这个意义就非常大。杭州这样一座南宋都城,理应有一座这样的建筑,能为遗址保护提供最佳小环境的同时,原汁原味地呈现南宋时代的宫廷生活。当你步入这样一座宋式宫殿建筑时,一定会感到新奇和震撼。

"当然,如果我是宋孝宗,我想我还会对德寿宫内的水渠感到特别满意。"穿行在遗址西区,昕怡指着一条暴露出来的引水渠说。

引水渠是德寿宫园林景观体系里的一个有力物证。经过一次又一次的考古发掘,德寿宫遗址内有几条引水渠和排水沟,特别引人注目。其中一条引水渠,长约35米,宽约2米,周围遍布假山,引水渠的做工非常考究,两侧池壁使用青砖、太湖石砌成,底部使用方砖铺就。

排水沟有很多处,在西区遗址棚北侧、一条Y形的就是我们眼前看到的那条,还有一条南北向的位于中西区之间,另一条则位于中区的遗址棚里,这三条相互连接,水由高到低,最后排入中河。

这一进一出的水系沟渠,从一定程度上证实了德寿宫内存在着一个活水系统。

从目前的情况来看,整个遗址的园林区块暂时还未被发掘,但是我们从大量的文献资料可以看出那是一个非常漂亮的花园,花园有"小西湖"和"飞来峰",布满假山亭榭、奇花异草。

《建炎以来朝野杂记》记载:"宫内凿大池,引西湖水注之,其上叠石为山,像飞来峰,有楼曰聚远。"

在南宋,园林艺术造诣已经取得很高的水平。园林部分一定是德寿宫里最值得讲述的故事之一,虽然目前尚未正式发掘,但通过充分的复原研究,再叠加数字化展陈手段,一个虚拟的意象化园林将栩栩如生地呈现在大众面前。

与此同时,还有大量的南宋时代的展品也将被陈列出来,与遗址、建筑、影像化视觉手段一起,让观众穿越时光,重回南宋。

惊鸿留影

第三章

宫殿上的仙鹤

许多不知名的匠师们，积累世世代代的传统经验，在各个时代中不断地努力，形成了中国的建筑艺术。①

——梁思成

---

① 梁思成：《大拙至美：梁思成最美的文字建筑》，第98页，北京：中国青年出版社2013年版。

寻 宋

这是一片空荡荡的土地。站在这里,你很难想象眼前曾经矗立过什么样的建筑——有别于一路之隔坊巷里的低矮民居,大红宫墙内的这些建筑体量巨大,气势雄浑,那高耸的屋脊、雄踞的吻兽,那高高挑出的檐角,气氛森严的宫墙,都透露着非同一般的皇家气派。在南宋都城苍凉的天空下,除了凤凰山上那一片鳞次栉比的建筑之外,这里无疑是整个临安城内最具王者气象的地方。

可惜的是,相隔数百年之后,人们再也无缘亲眼得见那些恢宏又不失精巧的建筑了。人们常说,"建筑比人更长久",然而,这片土地上的往事已随时间逝去,那些昔日的建筑亦早已灰飞烟灭。

南宋时还没有发明摄影术。这种在底片上记录时间的魔法,要在700多年后才会被人们所掌握。同样令人遗憾的是——能从宋代留存下来,抵抗漫漫时间的破坏和种种天灾人祸的摧残,得以完好保存至今的木构建筑,也少之又少了。

宋代建筑在中国建筑发展史上具有重要地位。

比起唐代,北宋在城市规划、木构建筑、砖石建筑、园林等方面皆有突破性的发展。[1]宋室南迁后,南方的浙、闽、蜀等区域利用已有的较好经济基础,为建筑发展创造了有利条件,各方面取得了很高成就。

然而,南宋的皇宫今已荡然无存。宋代杰出的建筑,包括佛塔、石桥、木桥、宫殿、园林、皇陵等,其中木构建筑因为材料的限制,大多未能遗存至今。

如果有意寻访,我们还能见到一些宋代时期的建筑遗留在大地上,使人可以领略一抹灿烂的余晖。试举几例——

应县木塔。全名为佛宫寺释迦塔,位于山西省朔州市应县县城内西北角的佛宫寺院内,是佛宫寺的主体建筑。塔高67.3米。建于辽清宁二年(1056),是中国现存最高、最古老的木结构古建筑,世界木结构建筑的典范。

开元寺塔。位于河北定州城内南门里东侧,是世上现存最高的砖木结构古塔,始建于北宋真宗咸平四年(1001),落成于宋仁宗皇祐四年(1052),是中国现存最高的砖塔,著名古建专家罗哲文先生誉其为"中华第一塔"。该塔全部为砖木结构,平面八角形,11层,高84.2米,平面由两个正方形交错而成。

安平桥。此桥乃是我国现存古代最长的石桥,是古代桥梁

---

[1] 郭黛姮:《南宋建筑史》,上海:上海古籍出版社2018年版,第8页。

建筑的杰作。位于福建省泉州市晋江安海镇和泉州市南安水头镇之间的海湾上,享有"天下无桥长此桥"之誉。因桥长约5华里,俗称五里桥。安平桥始建于南宋绍兴八年(1138),历时14年告成。

华林寺大殿。原名"越山吉祥禅院",位于福建省福州市鼓楼区屏山南麓,始建于北宋乾德二年(964)。华林寺大殿按五代时期形制,木结构,单檐歇山顶,建筑古朴雄浑,工艺精湛,构件造型精美。

隆兴寺摩尼殿。位于河北省正定县,隆兴寺始建于隋,北宋皇祐四年(1052)改建。明清两代虽进行过修葺,主要结构仍与宋《营造法式》相近,其总平面保存了宋代风格。摩尼殿独特的建筑为海内孤例。梁思成多次慕名到隆兴寺探访研究。

六和塔。位于杭州钱塘江北岸。北宋开宝三年(970),僧人智元禅师为镇江潮而创建,现六和塔塔身重建于南宋。塔高约60米,内部塔芯为砖石结构,分为7层,外部木结构楼阁式檐廊为8面13层。

灵隐寺两石塔。位于西湖区灵隐寺内。两石塔始建于五代或北宋初,系钱弘俶重建灵隐寺时而立,当时立塔四,今唯存大雄宝殿前东西两侧之双塔。两石塔相距42米,皆为8面9层,仿木构楼阁式塔。

闸口白塔。位于杭州市上城区老复兴街四号,建造于五代十国时期的吴越末期。闸口白塔全部以白石雕刻砌筑而成，是仿木构楼阁式的雕制塔。

保国寺。位于宁波市西北20里的灵山，寺院在宋仁宗庆历年间（1042—1048）建祖堂，南宋绍兴年间（1131—1162）建法堂、净土池、十六观堂等。现保国寺内所存宋代建筑有北宋所建佛殿、南宋所建净土池，其余建筑皆已不存。

············

宋代的建筑，从建筑史的发展来看，已达到一个非常高的成就。浙江省古建筑设计研究院原院长、传统木构建筑营造技艺研究国家文物局重点科研基地（东南大学）学术委员会主任、国际古迹遗址理事会专家黄滋先生，对浙江省内现存的宋代建筑十分熟悉。他一辈子都在和古建筑打交道。黄先生说，宋代建筑在长江以南地区留下来的并不多，但浙江比较神奇，留下了好多座宋塔。木构建筑留存极少，此中原因很多，除了要经受日夜、季节、温差的变化，以及经年累月的风霜雨雪侵蚀之外，尚有地震、火灾、洪水、虫害等种种不利因素，使得江南的木构建筑的寿命，无法同石制、砖制建筑相比。

不过，在日本还留下一些宋代建筑。比如在日本的宇治，有一座平等院，其中的凤凰堂在1994年被联合国教科文组织列为"世界文化遗产"。凤凰堂建于日本平安时代（1053），正是中国的北宋时期，是标准的宋代建筑。整个建筑造型犹如一

■德寿宫遗址出土小构件

103

尾飞翔的凤凰,所以被称为凤凰堂。

再如,日本京都府木津川市的净琉璃寺,是日本真言律宗寺院,山号"小田原山"。它由义明上人创建于永承二年(1047),也是中国的北宋时期。当初是以贵族所向往的净土为理念而建造的庭园建筑,取名为西小田原寺。寺内有9座阿弥陀如来雕像,象征着通向西方极乐世界的九层,已经被日本指定为国宝。

在日本的镰仓幕府时代(1192—1333),由中国宋代传入的禅宗获得武士们的赞赏和信仰,禅寺由此兴起,此类寺庙往往仿照中国宋代建筑,称为"唐样";因袭平安时代旧样的建筑,称为"和样";另一些受中国东南沿海一带建筑式样影响的佛寺,则称为"大佛样"或"天竺样"。在室町幕府时代(1338—1573),禅宗继续有所发展,在京都和镰仓都仿照南宋时中国禅宗的"五山十刹"之制,设立了五山寺院。

那么,中国的"五山十刹"是怎样的呢?吴越王钱镠皈依禅宗,将江南各寺之教寺改为禅寺,于是禅寺渐多。宋代江南禅刹兴盛。到宋宁宗时,依卫王史弥远之奏请,始定江南禅寺的等级,设禅院五山十刹,以五山位在所有禅院之上,十刹之寺格次于五山[1]。宋代佛塔也很多,在郭黛姮著《南宋建筑史》一书

---

[1] 南宋禅宗五山寺院:临安径山寺,临安灵隐寺,庆元府天童寺,临安净慈寺,庆元府阿育王寺。见郭黛姮:《南宋建筑史》,上海:上海古籍出版社2018年出版,第190—206页。

中,列出了现存的宋代佛塔一览表,共有32座之多。①

不过,尽管目前还能找到一些宋代建筑的遗存,但一方面,其中的木构建筑极少;另一方面,宫殿式建筑就更少了——在这样的情况下,要让南宋德寿宫的建筑在历史的空白处重新矗立起来,的确是一件相当困难的事情。

盛夏,考古工地在烈日的炙烤下如同一个大蒸笼。工人们在一个个探方里对数米深的夯土层进行发掘清理,到处都是坑坑洼洼的。

古建筑专家黄滋,带领德寿宫遗址保护团队,与杭州市文物考古研究所的施梦以一起,到考古工地看遗址。

遗址现场的建筑组群、砖砌道路,还有水池驳岸等遗迹,成为团队后来头脑中构建出的整座宫殿群最为基础性的一部分。而在考古所的库房里,那些来自德寿宫考古现场的残破的建筑构件,诸如瓦当、鸱吻、望柱、香糕砖、瓷片等,则成为宫殿群的无数细节中的一小部分。

设计师有时需要强大的想象力,才能凭借小小的支撑点展开盛大的图卷。如同技艺卓绝的舞者,凭借一个足尖的微不足道的着力面积,能让整个身体腾空而起,以极其轻盈的姿态,在

① 郭黛姮:《南宋建筑史》,上海:上海古籍出版社2018年出版,第206—208页。

空中旋转或者绽放。

这个柱础与另一个柱础是什么关系？这个构件与另一个构件是什么关系？现在眼前这个遗址是整个宫殿群的哪一个部分？其他未被揭示出来的遗址会是什么样的？古书上一再写到的园林，又在什么位置，大小如何？

所有的问题都会涌到面前来——此时，浙江省古建筑设计研究院的技术团队需要借助大量的文献阅读和实地考察，去完成对遗址解读和整体格局复原的印证。

"如果这片土地上会有新的建筑生长出来，我们希望它是原汁原味的宋代建筑。"德寿宫项目工作专班，在每一次联席例会上都这样强调。

"据文献记载，在太上皇高宗入住后的第六年，即1167年，德寿宫有过一次较大规模的扩建。此后，宫内基本格局定型为南部宫殿区、北部园林区两个部分。"

在一次工作例会上，项目材料《德寿宫及中区大殿复原》分发到所有人手中。每一次更新的内容都会传达到每一个人。

"在德寿宫遗址区域，自地表而下的土层堆积分为四层。南宋时期遗存主要叠压于第四层下，遗迹表面距现地表2.5米至4米不等。根据上下叠压关系，除南宋早期遗迹外，考古遗迹分为三期，包括高宗营建德寿宫时期（1162—1166）、孝宗扩建德寿宫后苑时期（1167—1188）、重华宫与慈福宫时期

（1189—1206），分别为德寿宫一、二期和三期。"①

"德寿宫第三期遗迹保存最好、规模最大。中轴线上建筑由大型殿基及其前后多进院落组成，西侧次轴线建筑组群可以细分为南北两部分。两者以一条长逾30米的东西向砖砌道路为界。南部殿址平面呈工字形，柱础排列整齐，应属重华宫、慈福宫建筑群组。"②

接下来，他们要结合《营造法式》和浙江宋元建筑的实例，尽可能地还原出在宋朝的历史时空下，这片土地上的建筑气象。

周必大，南宋文坛盟主，与陆游、范成大、杨万里等都有很深的交情，官至南宋宰相——他在自己撰写的杂史《思陵录》里，记录了南宋淳熙十五年（1188）的一件事。

这一年，宋孝宗将德寿宫部分区域改建为慈福宫。对于这一次的改建工程，周必大留下了详细的报告，而以这份报告为代表的历史文献，与德寿宫遗址现场的考古成果相互印证，成为德寿宫复原研究的切入点。

在《思陵录》中，周必大对慈福宫建筑群记载道——

> 门殿三间……朱红柱木……筒瓦结瓦，安立鸱吻，方砖地面……

①② 见《杭州杂志》微信公众号：《四次德寿宫考古有哪些重大发现》，作者王征宇。

正殿五间,朵殿二间,各深五丈。内心间阔二丈,次间各阔一丈八尺,柱高一丈五尺。平棊①方,朱红顶板,里外显五铺……头顶筒瓦结瓦,安立鸱吻,方砖地面。朱红柱木。殿后通过三间……其刷绿柱,并寝殿五间,挟屋两间,瓦凉棚五间……黑漆退光柱木。头顶筒瓦结瓦,安立鸱吻,方砖地面。

后殿五间,挟屋两间……黑漆退光柱木。头顶板瓦结瓦,方砖地面。

后楼子五间,上下层并系青绿装造……绿油柱木……头顶筒瓦结瓦,方砖地面。正殿前后廊屋共九十四间,各深二丈七尺,宽一丈二尺,柱高一丈五寸……头顶板瓦结瓦,方砖地面……②

郭黛姮先生认为,据上述资料可知,慈福宫为一座两进院的建筑群,中轴线上布置有门殿、正殿、寝殿、后殿、后楼子等,其中第一进院落由门殿与正殿、寝殿及两侧的瓦凉棚构成,正殿和寝殿为一座工字殿,两者之间有三间连廊,这座工字殿位于院落中央。第二进院落,以后殿、后楼子为主。

郭先生特别指出,根据《武林旧事》和《梦粱录》的记载,似

① 棊,同"棋",宋代营造法式中的一个建筑名词,指方格状的天花板。
②《文忠集》卷一七三《思陵录》卷下。转引自郭黛姮:《南宋建筑史》,上海:上海古籍出版社2018年版,第120页。

乎慈福宫即由德寿宫改匾而成。但据《玉海》等记载,慈福宫应系与德寿宫同时存在的宫殿,两者所建时间前后相差26年,皇太后入住慈福宫后的正月二十八日,便下诏德寿宫改名为重华宫,6年以后的绍熙五年,才将重华宫改名为慈福宫。①

中区大殿,也即重华宫大殿,既有考古平面遗址的实证,又有《思陵录》的详细记载,对于今天的设计建设者们来说,具备了可靠的复原条件。

德寿宫作为一个宫殿建筑群,有两条建筑群轴线,可以说,工字殿这种建筑形式是宋代的典型样式。

"我们推测,工字殿中的正殿,用作隐退后的皇帝与继任者及大臣的日常会面、举办宴饮等,寝殿则用作日常起居。"

周必大在《思陵录》里的记载,"正殿五间……殿后通过三间……寝殿五间",这里的"通过",即是正殿和寝殿之间的穿堂(这里明确记载"通过"有柱子,但未载明是否有门窗,如果没有

① 郭黛姮:《南宋建筑史》,上海:上海古籍出版社2018年版,第120页。书中记载,《武林旧事》中称"重华宫,孝宗内禅所居,即德寿宫。慈福宫,宪圣寿成二太后所居,即重华宫"。《梦粱录》称"德寿宫改匾曰重华御之,次宪明太皇欲御,又改为慈福宫",似乎慈福宫即德寿宫改匾而成。但据《玉海》:"淳熙十五年(1188)八月五日拟进皇太后宫,名曰慈福,十六年正月十五日丙午,皇太后迁慈福宫。己未(正月二十八日),诏德寿宫改为重华宫,二月壬戌内禅移御。……绍熙五年(1194),改重华宫为慈福宫,以旧慈福宫为重寿殿,二太后皆徙居此。"

门窗,是开敞的话,那么就是穿廊),将二者的室内连为一体。

"工字殿"这个建筑组群,是宋金元时期普遍流行的建筑组合方式,到明清时也没有被完全取代。由于工字殿有明确的等级意义,一般用于宫殿、坛庙、衙署、府第等重要的官方建筑,留下的文字和图像也比较多。

复原研究小组对于工字殿的形制做了相当多的研究。南宋的大内皇宫尚未大规模考古发掘,但在德寿宫内,工字殿的形制将是这个建筑组群中的重要看点。

对于浙江省古建筑设计研究院的许多年轻人来说,能与团队一道参与德寿宫复原研究到设计建造这样一个营造的"全流程"的工作,是他们新的起点和体验。在德寿宫复原营造的整个漫长过程中,他们多次来到现场,看着德寿宫建筑在这片南宋遗址上一点点生长起来。

"德寿宫作为一个点,它让我与过去的南宋有了连接;同时,它给了我连接未来的更多可能性。"

这样的连接还有很多的可能性,这非常美妙。其实每一个参与到德寿宫项目中的人,都在通过这片土地,与过去也与未来发生了关系。

瑞 鹤

北宋政和二年(1112)元宵节的第二天,也就是雨水前后,东京汴梁的皇宫上空祥云密布,人们无不仰望天空。忽然,云端飞来了一群洁白的仙鹤,一边飞翔一边鸣叫,如同奏响了仙乐一般在宣德门上空翩翩起舞。过了好久,这群鹤才向西北方向飞去。

真是祥瑞呀!

30岁的宋徽宗赵佶,见此情景心中不免激动不已。他自登基至此已有12年,天下并不太平。他认为仙鹤的到来是一个重要的信号,带来国运昌盛的吉兆。为此他难掩激动,将此情景绘于绢素之上。

《瑞鹤图》由此成为一幅传世之作,今藏于辽宁省博物馆。该作品为绢本设色,描绘了鹤群盘旋于宫殿之上的壮观景象。画面构思甚为别致,建筑与仙鹤的处理,体现了宋徽宗赵佶极高的艺术修养——画面上20只仙鹤翩翩起舞,错落有致,其中大部分在空中翱翔,神态各异,其中两只则停栖在宣德门的鸱

宣和道君天帝子降靈下作蒼生主

風流不混世間塵清埃玉臺湛秋宇

蒼身雖是太霄君金編玉笈多奇勳

感此仙禽四十萬爾來東度三山雪低

回不肯去舞雪依端門長鳴善有訴

飛鳴徹旻是命是時道來掁衣起濡

遙聽鶴語通優意濡豪為寫真

四真龍香更灑觀題宸朱頂凝丹

砂白羽吹霜秋内府珍藏誰敢沽

大貝南金爛無此想當飲和年善

沽談老莊遂令霞上仙控鶴森翔

翔一朝中原成永訣玉國城高影金

雲此時老鶴如可呼便欲騎之上

天關

　　　　豫章沙門釋　未復　謹題

政和中道士林靈素謂道君曰天上有神霄府最上
生帝君是之謂帝君乃上天大帝也
政和六年四月詔道籙院諜日號乃玄穹
君何不入夢并賜為敬主迺君玉帝

不是三山侶　還呈千歲姿
似擬碧鸞棲寶閣　豈同赤雁集天池
徘徊嘹唳當丹闕　故使憧憧庶俗知

　　御製御畫并書

■（北宋）赵佶《瑞鹤图》（全卷）

吻之上。

在这件"神品"的卷后，赵佶留下了他具有标志性的瘦金体题记：

> 政和壬辰上元之次夕，忽有祥云拂郁抵映端门。众皆仰而视之，倏有群鹤飞鸣于空中，仍有二鹤对峙于鸱尾之端，颇甚闲适。余皆翱翔如应奏节。往来都民无不稽首瞻望叹异久之，经时不散，迤逦归飞西北隅散。

"这就是鸱吻。"

《瑞鹤图》对宣德门的描绘，写实程度相当之高。无论是琉璃瓦，还是宣德门的外形，都刻画得非常细腻真实。尽管在绘画手法上，赵佶创新性地运用祥云遮蔽了部分建筑，形成了若隐若现的艺术效果，但宣德门的形象，还是精细地保存了下来。

两只仙鹤停留的地方，屋脊两端的鸱尾，也叫鸱吻、螭吻。在中国古建筑里，这是放在屋脊正脊两端的一种饰物。它来自中国古代传说，一种神兽，龙的第九子。在房脊上安放两个相对的鸱吻，能避火灾。

"蚩者，海兽也。汉武作柏梁殿，有上疏者云：蚩尾，水之精，能辟火灾，可置之堂殿。今人多作鸱字。见其吻如鸱鸢，遂呼之为鸱吻。"①

"东海有鱼,虬尾似鸱,鼓浪即降雨,遂设象于屋脊。"②

北宋、南宋之交的文人学者叶梦得,在史料笔记《石林燕语》里写过这样一句话,更可说明鸱吻的地位:"其制设吻者为殿,无吻者不为殿矣。"

宋徽宗绘制此图之时,宣德门尚未进行扩建,其正殿为单檐庑殿顶,朵楼则为歇山顶。

"宣德门中央,是城门楼,门墩上开五门,上部为带平座的七开间四阿顶建筑,门楼两侧有斜廊通往两侧朵楼,朵楼又向前伸出行廊,直抵前部的阙楼。宣德楼采用绿琉璃瓦,朱漆金钉大门,门间墙壁雕镂龙凤飞云。"③

关于北宋宫殿的图像资料极少,除了宫城的正门宣德门,后苑中的太清楼也有图像保存至今。太清楼是后苑中的藏书楼。宋画《太清楼观书图》对这座藏书楼有所描绘,其面阔七间,为重檐四滴水歇山顶的二层楼阁,柱子涂绿色,栏杆涂红色,四周绕以石砌水渠。④

有人认为,徽宗的画有一种伤怀之美,无论画面多么华丽富贵、庄严吉祥,背后也藏着深深的忧伤,这在某种程度上,预

---

① 见唐·苏鹗《苏氏演义》卷上,参见《钦定四库全书》。
② 见唐·胡璩《谭宾录》,参见《营造法式·总释下·鸱蛋》。
③④ 李路珂:《古都开封与杭州》,北京:清华大学出版社2012年版,第78—79页。

■ 陶鸱吻残件

示了北宋的结局。

不管怎么样,对于 800 多年后的建筑师们来说,《瑞鹤图》这幅画中,最值得关注的是画中的宫殿屋顶,以及两只仙鹤脚底的邸吻——这幅画对南宋德寿宫建筑的重现,无疑是极为珍贵的参考资料。

时至今日,还有一种技术被运用于古建筑的测绘——三维激光扫描技术。通过激光测距原理,利用三维激光扫描技术获取的空间点云数据,可快速建立结构复杂、不规则的场景的三维可视化模型。

这种"三维点云模型"的高新技术,在今天为人们测绘图纸的工作提供了极大便利。

想想看,有时很难通过照片看清的建筑物局部的细节,或是大尺度的比例关系,都可以在三维模型中反复观察测量。

同时,这种技术结合人工测绘的方式,既能获得准确的历史建筑现状数据模型,又能依靠技术经验厘清历史建筑构造格局及逻辑,为全面保护历史建筑的信息和相关价值提供了依据。

相比之下,在南宋时期,要忠实地留下一座建筑的样貌和影像,唯一的方式是——手绘。

纸寿千年。文明的传承,需要借助书籍纸页的物质载体。

后世人们对于历史中的形象，主要基于文字与图像的记录。文字多有文学性的描述，在每一位读者心中激发和还原的形象各有差异；图像的记录则更加直观一些。在没有摄影术的年代，绘画成为唯一留存影像的方式。

我们都知道，宫廷里有一些画师是专门为帝王服务的"肖像画师"。在故宫的南薰殿中，储存有580多帧古代名人画像，其中最多的是历代帝后的标准像，还有一些名臣圣贤的画像，笔触细致精美。其中，宋、元、明三代画像，多为当朝的宫廷画师所作，宋以前的画像多是宋人摹绘唐人所作。清代乾隆皇帝在内务府库中发现一批前朝留下来的画像，遂下令统一装裱。后来这些画像收藏于台北故宫博物院，其中，以南薰殿的宋代帝后像最为完备，这部分作品是探讨宋代肖像画的重要资料。

但如何保证手绘作品与实物相一致，却是一件非常有难度的事情，历代的画师都在为此苦练技艺。毕竟，为皇家作画是一件风险极高的事情，一旦失真或有丑化之嫌，轻则受罚，重则掉脑袋都有可能。

魏晋时期，产生了一种专门的画科，以满足记录的需要，这便是"界画"。

所谓界画，《中国美术辞典》给出了两个含义：其一，"画"通"划"，"界画"属于一种中国画技法，指用界笔、界尺画线的一种绘画方法；其二，中国画的一种。

界画对于技法有着严谨的要求,如亭台楼阁、车船舟马,都要求比例准确,规律有序。这么严谨的要求,自然需要借助工具,便是直尺。中国古人作画工具,主要是毛笔,而毛笔具有弹性,吸墨后又不能直接靠在尺子上画,也难以控制线条的粗细。界画的画法,是把半圆的笔套套在毛笔上,借助界尺移动,毛笔的毫尖露出笔套的长短,决定了线条的粗细。这种画法,以宫室、楼台、屋宇等建筑物为表现题材,也称为"宫室"或"屋木"。

唐朝时,界画成为时尚,画者众多,其中李思训、李昭道父子最为优秀。

到了宋代,从事界画的画家数量更多,宋代也是界画最为繁荣的时期。在皇家设置的翰林图画院中,有大量的画家专攻或兼善界画。宋徽宗赵佶,兴办了我国历史上第一所皇家美学院"画院",界画就是画院的入学考试的科目,也是学习的必修课。宋代的界画家享有朝廷画院内最高待遇——待诏的六种人之一。这在《宋史·选举志》中有明确的规定。

宋人邓椿在《画继》中说:"画院界作最工,专以新意相尚。尝见一轴,甚可爱玩。画一殿廊,金碧焜耀,朱门半开,一宫女露半身于户外,以箕贮果皮作弃掷状。如鸭脚、荔枝、胡桃、榧、栗、榛、芡之属,一一可辨,各不相因。笔墨精微,有如此者!"

北宋的界画高手郭忠恕,笔下的画面"栋梁楹桷,望之中虚,若可投足;栏楯牖户,则若可以扪历而开阖也。以毫计寸,以分计尺,以寸计丈,增而倍之,以作大字,皆中规度,曾无少差。非至详至悉、委曲于法度之内,皆不能也"。

张择端的《清明上河图》更为今人所熟知。这幅巨作描绘了北宋都城汴梁汴河沿岸东角子门内外一带清明时节的景象,可谓12世纪中国城市生活的典型写照。在没有摄影术的年代,这幅绘画作品为我们记录了汴河沿岸的一整个全景。画中所描绘的市井店铺、城郭阙楼、各种车轿、彩楼欢门、农舍茅屋及桥梁舟船,时至今日,仍然是研究宋代民间生活的重要文献。它是一幅风俗画,更是一幅上乘的界画作品。

在书画家宋徽宗赵佶看来,能准确地描摹艺术对象是十分重要的。他自己也在界画艺术上一展身手。他的作品《瑞鹤图》,可谓界画中的上佳之作,极具标杆意义。

云彩缭绕的宣德门上方,20只白鹤姿态各异,宣德门庄严肃穆,被刻画得精细无比。就连殿脊上的一片片灰瓦、飞檐上的一只只瑞兽,以及檐下结构紧凑的一个个木质斗栱,都能分辨得清楚。

3月的一天,我们前往杭州中山北路二圣庙前的一个小区,拜访一位老画家。傅伯星,早先是《浙江日报》资深美编,也是享誉连环画坛的老画家,创作了多部连环画,同时,他也是著述颇多的南宋史学研究者。

傅老的日常,就是在书房里画画,即便已83岁,依然精神矍铄。20世纪90年代,傅老画的反映南宋故都杭州城风情风貌的大中型绢本工笔人物画和界画,其中诸多作品被用于图书馆和文博场馆。他为了真实再现南宋的社会生活,研究宋史30余年,著述丰富,掌握了较丰富的宋人形象资料,如衣冠服饰、建筑器物,并将此运用于创作,堪称是国内专注于宋代题材创作最多的画家。

研究宋代的建筑形制与结构,宋人的界画是绝对不可忽略的材料。也正是借助宋代的界画,傅老对宋代建筑的外观样式与演变轨迹做了大量研究与探讨。

傅老的新书《大宋楼台:图说宋人建筑》,正是通过解析宋人界画,来研究宋代建筑的外观流变、细节演化,在品鉴宋代绘画之美的同时,亦可领略宋代建筑之美。

浙江省古建院副院长黄贵强,是带着德寿宫建筑复原展示效果图,来请傅老掌眼的。

"中区大殿这一块区域,底下是宋代的德寿宫遗址,上面是宋代风格的建筑。"德寿宫复原的效果图展开来。傅老戴上眼镜,细细观看。

虽然只是一张效果图,却包罗了许多的复原细节。湖边草地的亭子,亭子的窗格样式,园林里的草木名目,眼之所见,都需要一一地考证与确认。一样一样，细细聊来。

"德寿宫的四面，是有围墙的，我的感觉，应该是跟城墙一样，上面可以走人的。我记得好像是《夷坚志》里，写到一个故事，说是苏州有一对巨人姐妹，身形特别高大，如果坐下来的话，跟人家的屋顶一样高。后来招到殿前司了。宋高宗想看一下，这对姐妹是坐在船里，从凤凰山往北开，开到德寿宫这附近来，让高宗看一眼……"

"傅老您说得对，考古发掘有的，德寿宫的东边是有一个城墙，城墙是在东官墙的边上，没错。城墙很高大，跟宫墙之间有一条窄窄的夹城巷。到时我们做模型时，把这道城墙也做出来。"

"其实我以前也画过德寿宫，最开始，我也以为有琉璃瓦。但是好像考古一直没发现，对吗？"

"的确一直没有发现琉璃瓦。"卓军也说，"我自己在皇城遗址考古发掘时，各个窑口的瓷片木佬佬多（杭州话，意为"很多"），官窑的瓷片很少，琉璃瓦也从来没看到，这也很奇怪。"

傅老专攻界画创作，既有画家的功力，又有史家的严谨。经年累月与界画相对，不知不觉对宋代的建筑细节了然于胸。"南宋时候，因为时期不同，国力状况也不同。譬如说南宋初期，皇帝见大臣，柱子之间没有墙壁，只有竹帘子挂着。这说明当时财力还不富裕，国库是窘迫的。"傅老说，天冷了，就在竹帘之外再加一道丝帘，一道一道挡风。没有门，也没有窗。后来条件好了，才有格子窗。实际上，这也是当时节约开支的一种做法。

"我们现在复原的，是孝宗时期的重华宫和慈福宫，从德寿宫那时候过来，已经是修了三四轮了，所以我们判断，这时候应该也有钱了，地面上宝相花砖也用上了，香糕砖也发现了，还是比较考究的。

"宋代的建筑还是朴素大方的，不像明清时候，雕龙彩绘那么复杂。再譬如说，宋代的台阶，就比较厚实，比明清的厚实。

"是的，对这个台阶，我们也专门进行过研究，现在能确认，宋代的压阑石是20厘米高，明清时是15厘米高。这俩各有差异。"

傅老说，我们现在从界画里研究宋代建筑，很多是非常可靠的。比如宋代界画很有名的一个人，叫郭忠恕，"屋木楼阁，自成一家，最为独妙"。画史上认为，他对界画发展的贡献显著。他有一幅作品《雪霁江行图》，两艘并桅而行的大船，船的结构，船上的桅杆绳索，船舱、窗门，都画得非常精细，造型的准确度、还原度之高，都是毋庸置疑的。

这些界画，为后人了解宋代的建筑提供了巨大的价值，当然也为德寿宫的复原提供了诸多的依据。

宫门——南宋赵伯驹(传)《越王宫图》:"断砌造"门殿形式,门外设有"拒马叉子";

隔门——南赵伯驹《汉宫观潮图》;

殿门——南宋佚名《曲院莲香图》,参考第一进殿门;

地面铺装——南宋刘松年《四景山水图》,正交方砖铺地;刘松年《山馆读书图》,斜交方砖铺地;

主殿——南宋赵伯驹《阿阁图》、南宋佚名《悬圃春深图》;

寝殿——南宋马远《松阁观潮图》;

后楼子——南宋李嵩《高阁焚香图》、南宋佚名《层楼远眺图》;

格子门窗——南宋刘松年《四景山水图》;

帘幕——南宋佚名《纳凉观瀑图》竹帘……

德寿宫建筑能不能"立"起来,很大的一部分工作就要从宋画里寻找到依据——而这也正是留给德寿宫项目参与者们的重大课题。

与此同时,建筑物的每一个细节,与德寿宫相关的日常生活,都要在他们的眼前栩栩如生起来,如同一幅穿越时空而来的长卷。

长卷正在缓缓展开。这是关于南宋时光的一次复活行动。

鸱　吻

"天下一人"宋徽宗根本不会想到,他的一幅画,成为八百多年后人们"再现"德寿宫的重要参考依据。

宋徽宗的审美,在一定程度上还影响了后世。他曾在一次梦醒过后,回味梦中所见的情景,雨过天晴,风动流云,云间展露出如洗的天青之色。他唤来工匠,指示他们烧制一种瓷器——"雨过天青云破处,这般颜色做将来"。

传说中,这就是汝窑天青之色的来源。

此时此刻,你若展开《瑞鹤图》的高清大图,细加端详,久久凝视,就会发现画面中天空的颜色如此令人着迷——那般石青色,幽蓝而深邃,苍远又迷离,恐怕,也是宋徽宗独有的梦境吧。

这种如梦如幻的青色,穿越上千年时光,至今仍旧令人心动不已。

接到德寿宫复原任务的设计师们,把大量时间花在了考察宋画上。

他们找遍了几乎所有能找到的宋画资源,而宋徽宗的《瑞鹤图》，很早就进入了视野。且不说作为书画家的宋徽宗本人对于艺术的极致追求，单单是《瑞鹤图》对于京城汴梁宣德门上空的天空之色，都让人赞叹不已。

为了让德寿宫遗址上的建筑"立"起来，由黄滋首席专家亲自挂帅，担任项目主持人，专门成立了三个小组。

第一个是专门的研究小组。

这个小组负责德寿宫的考古遗址解读，并对整体格局、主体建筑做复原研究，为数字展示、展陈提供专业支撑。德寿宫的地面上，真正动土的部分，还只是整个工程项目里很少的一部分，只占五分之一左右。其余部分不能建造建筑，也不会复原历史上的景象，但是这些"空白之地"，也将在想象中复原——在虚拟的数字化世界里"建造"起来。

第二个是遗址保护展示小组。

比方说，德寿宫的遗址保护、遗址展示，以及与博物馆展示、数字化展示的系统性统筹，要他们提供技术路径。

第三个是综合技术设计小组。

这个团队的成员，对江南地区的宋代建筑有很深的研究和了解。他们会根据考古的成果，让建筑从平面上"立"起来，从二维变成三维。

比方说，很简单的一点：屋角起翘吗，角度怎么样？屋顶有没有走兽？瓦多大？斗拱用的是几等材料？有没有天花图

陶牡丹纹瓦当

陶折枝荷纹瓦当

陶筒瓦

■ 德寿宫出土的瓦当、筒瓦

案？柱础是什么样子？

这些都要这个团队去落地，把文献或文字上的平面记录，变成视觉化的可视形象。

德寿宫遗址上这座面积1000余平方米的中区大殿，作为皇家建筑的复刻版，每一个细节他们都要仔细推敲。

每一个构件，每一处细节，都尽可能去溯源和遵循南宋建筑的法式特征和构造做法。原格局、原形制、原工艺。

"一定要原汁原味，原址原位！"专家们都这样强调。

但是，怎么样才是真正的原汁原味呢？

德寿宫，毕竟谁也没见过呀。

有一个设计阶段，他们觉得这座宫殿的屋顶应该铺着绿色的琉璃瓦。论豪华程度，论皇家气派，肯定是琉璃瓦更豪华、更气派。这在宋代的古建筑里是常见的，宋画里也有。但是最后经过专家讨论，一致决定不用琉璃瓦。为什么呢？因为考古证据不支持。在德寿宫甚至南宋临安城的整个区域内，没有发掘出一块琉璃瓦的碎片。那么，还是要尊重考古结果。

最后，大殿屋顶选用了朴素的陶土瓦。

这只是其中的一个例子——团队已经数不清修订了多少个版本了；大大小小的修改，似乎每天都在进行；在几个月内，似乎每天都有争论；对于大大小小构件的打样与修改，算起来，应该不下于数百次。

他们一遍遍地核对考古遗址并以此为依据,查阅《思陵录》《营造法式》,并以此为准绳,也一次次研究浙江现有的宋元建筑的形制样式、等级关系,去图书馆找宋画资料,一点点推敲,试图无限接近于历史中的德寿宫"真相"。

考古的证据,还有德寿宫遗址出土的建筑构件——那许许多多的残片。

他们蹲在考古所的库房,对遗址出土的建筑残件小心翼翼地逐一登记、测绘。又因为是残片,他们还要根据文献或资料,对残片缺失的部分进行合理的"补全"。

补得对不对呢?这又有许多种方法进行验证。比如,以同时期南宋高等级墓葬中出土的构件进行比对。

兰若寺,是位于绍兴市柯桥区平水镇的兰若寺大墓,它在两个方面的价值较大。

第一,它是宋代南方特色丧葬理念体系下,最具代表性、规模也最大的经典案例,基本浓缩了这一类丧葬制度的所有因素,堪称集大成者,对后世有着强烈影响。

第二,兰若寺大墓出土了数量庞大的建筑构件。

南宋现存建筑本就不多,兰若寺发掘的建筑构件,其实是对南宋建筑形制的一种最直接、最具象的表达。可以说,是一本真实的《营造法式》。

砖瓦、脊饰、斗栱、勾栏、格子门……墓园地上部分的大量建筑构件,在西湖博物馆总馆南宋官窑馆区展出。

这些建筑构件,是南宋时期高等级、皇家级别建筑实物的高仿再现。德寿宫遗址上的建筑,会参照这些出土的建筑构件去合理推测复原。

再比如,宁波有座天封塔,也曾称"唐塔",位于老城区南隅的大沙泥街,是过去宁波城市标志之一。

据史料记载,此塔为汉代乾祐三年(950)始建,塔建成后几度为天灾兵祸所毁,于唐代重建。相传建造时以堆沙垒高操作,周围留下大量沙泥,大沙泥街、小沙泥街由此得名。原塔高18丈,约51米,六角形,是千余年来宁波市内最高建筑。

此塔于南宋绍兴十四年(1144)再次重建。

1982年,宁波市文管办配合宁波市规划设计部门对塔基进行考古勘探时,发现塔的第一层中心部位建有"地宫",经发掘获得了一批珍贵文物。其中,有石函和石函内的一座较为完整的南宋绍兴十四年银制宫殿建筑模型。

这座宫殿建筑模型,对于今人考察宋代建筑结构和工艺水平,也是极为重要的实物资料,也成为孟超他们复原德寿宫建筑的重要参考。

屋顶高高在上,几乎是一个彰显规格的所在。

中国古代建筑的屋顶,不仅样式多,而且有着严苛的考究和严格的等级制度。

屋顶的形式,有庑殿顶、歇山顶、悬山顶、硬山顶、攒尖顶等。德寿宫建筑群的中区大殿,有着什么形式的屋顶呢?

"屋脊有明确、细致的等级划分,依据有二:一是屋宇类型,自殿堂至散屋营房依次递减,皆有定式;再一是屋宇规模大小,同一类型的建筑,其间数、椽数多者屋脊亦高,反之亦然,此中又有增减之法"①。

这座宋孝宗时的重华宫大殿,正殿五间,朵殿二间。正殿为歇山顶形式,斗栱更为细致精巧。两柱之间增设补间斗栱,屋面更加出挑,如锦鸟振翅飞起。

德寿宫建筑群共运用了四种材料等级,进行组合营建。当置身于整座德寿宫建筑群时,礼制主次关系一目了然,宛如音律般在变化中保持和谐统一。

说到底,这是根据考古的结果,与文献记载相结合,进一步推断出来的建筑样式。这也是当下人对于宋代建筑的认知。

"屋脊自下而上由四部分组成:当沟、线道、脊、合脊筒瓦。其中,脊由垒脊瓦即条子瓦垒砌而成,通常在3层以上,最高不超过37层,这部分是屋脊的主体。屋脊高度的调节,即是通过

---

① 乔迅翔:《宋代官式建筑营造及其技术》,上海:同济大学出版社2012年版,第116页。

至脊瓦的层数的增减进行的……"①

"宋时鸱尾、兽头制度繁复,以屋脊层数、屋宇类型及面阔大小为准。"

鸱吻,坐于正脊两端,后世称大吻、正吻、吻兽等。通常由窑作分块捏造、烧制,由瓦作工匠于屋脊拼装起来。其拼装之法,首先是分件组合,对此,《营造法式·瓦作制度》载:"(鸱吻)身两面用铁鞠。"

铁鞠,呈曲形,长一尺,所用道数甚多,估计以此卡在内壁缝两侧。

对于鸱吻的安装,《营造法式·瓦作制度》上有着详细的记载,譬如为了防风雨侵袭,怎么安装铁脚子、铁束子、抢铁、柏木桩等,并在安装完毕之后,外涂墨煤以为装饰。

屋脊上除了鸱吻,还有一些重要的饰物,如迦陵频伽、蹲兽等。

屋顶的脊饰,是中国传统建筑的重要组成部分,具有丰富的文化内涵——这些脊饰,是让孟超他们费心最多的细节之一。

从汉代出现人字形大屋顶开始,屋脊装饰也逐渐出现在古代建筑之上,并由最初的简易形状,演变成明清时期繁复的装饰系统。在此过程中,每一个脊饰部件在功能性之外都形成了

---

① 乔迅翔:《宋代官式建筑营造及其技术》,上海:同济大学出版社2012年版,第116页。

各自丰富的文化象征意义。

　　仙人走兽脊饰,有着严格的使用制度——檐角有一个仙人形象,其后有系列的走兽(《营造法式》对走兽的称呼为"蹲兽",这一说法很形象),正脊上有一对吻兽——这些依次排列的统称为"仙人走兽"的形象,大多来自中国古代民间传说,作为仙人和神兽、瑞兽,每一个都有着自己的名字和意义,不同等级的建筑物才能安放相应规格的仙人走兽脊饰;当然,这些仙人走兽也各司其职,既从物理层面保护着建筑的安全稳固,也在精神层面护佑着人们生活的安定美好。

　　五代时期建造的杭州闸口白塔,翼角出现了鲜明的人物形象脊饰部件,是现存最早的仙人脊饰。

　　至北宋,李诫所著的《营造法式》中,确定了脊饰部件的制作和安放规制:

　　　　四阿殿九间以上,或九脊殿十一间以上者,套兽
　　　　径一尺二寸,嫔伽高一尺六寸,蹲兽八枚,各高一尺,
　　　　滴当火珠高八寸。

　　故宫太和殿,是中国现有建筑当中制式最高的建筑,唯一有十个走兽的建筑。太和殿的走兽,在九的基础上,加上了一个名为"行什"的走兽。从前到后依次为:龙、凤、狮子、天马、海

马、狻猊（suān ní）、狎（xiá）鱼、獬豸（xiè zhì）、斗牛和行什（xíng shí）。

太和殿是帝王登基、封后、赏赐，包括科举登第仪式的场所。数字十在中国是极数，可见太和殿的重要性。

其他规格的建筑，往往在这个基础上做减法。在明清建筑中，走兽的数量为奇数，如三、五、七、九。在之前的建筑也有偶数存在，如山东岱庙的天贶殿，其走兽数量为六。宋画《滕王阁》的里的走兽数为四。现存的山西永乐宫的主殿三清殿，走兽数也为四。

仅仅这一对主殿正脊上的鸱吻，浙江省古建筑设计研究院的设计师们前前后后修改了十几个来回。

德寿宫出土的鸱吻残件，大约只占完整鸱吻构件的十五分之一。根据这一块小小的残件，技术小组绞尽脑汁，试图把它归位到那块已然消失的整体中去。

鸱吻的形象，一直在发生变化。查遍上至两汉、下至明清时代的鸱吻构件，能看出鸱吻这一小小的构件上发生的千年审美流变。一开始，像动物的尾巴，隋唐五代以后变成了猛兽的血盆大口，就变成了吻嘴。明清过后，工匠在上面进一步发挥，出现了千姿百态的形象。

从《瑞鹤图》上，我们可以得到一个直观的认知——龙头、鱼尾的形象，成为德寿宫鸱吻的主体形象。

以德寿宫出土构件残片为细节刻画的标准和依据，结合宋画《瑞鹤图》中描绘的宫殿鸱吻样式为主要形态参考，比对同时期建筑的鸱吻形态再进行整体优化，最终完成鸱吻的设计。

德寿宫大殿正脊上的蹲兽，总共是四个：龙、凤、狮、马。

四个小兽的形象，都有些拙朴可爱。在宋画上，这些小兽不过是看不清楚的小点，形象也分得不太清楚。复原的工作是要把它们塑造出来，同时大小、形态都要差不多，甚至排成一行的时候，它们的体态比较均衡，视线也要大致统一。

设计师是按照德寿宫出土狮子小兽的大小和形态为范本，逐一调整其他几个小兽的样子。

他们把这些小兽复原出来的时候，总是在想，那时代的匠人们，未必有今天的人做得这么精致。

他们总是需要及时提醒自己"收"一"收"，让手上的东西再拙朴一点，而不要那么精致。

毕竟设计师是在电脑屏幕上一遍遍精修细刻，然后交给工匠去制作的。想到几百上千年前的瓦匠师傅，只是凭着一双手，慢慢地捏制塑造出小兽的形象。从出土的残件来说，那时的审美，简单拙朴，却有一种简洁有力的美。

■ 德寿宫正殿（浙江省古建筑设计研究院复原图）

■ 蹲兽侧面

■ 垂兽

梁思成在《中国建筑史》中指出,宋代开创了中国古代建筑发展的新时期,改变了汉唐建筑雄浑壮丽的总体风格,变得更加精丽工巧。

这种变化,一是在建筑的总体形制上,追求多样和组合的效果,并强调建筑外形线条的美感;二是在细节上,雕琢与色彩层次增多,如宋代正脊上的鸱吻的造型就明显变得更加活泼,动态更加夸张,色彩搭配更加丰富。这两方面的发展,既影响了宋代建筑脊饰风格的发展,也是仙人走兽脊饰部件成型的原因。①

宋代的房屋建造者们出于对建筑造型变化的追求,将屋顶坡度较之于前朝有所加大,大胆使用减柱法,以形成"反宇飞檐"的夸张效果。

在庑殿顶、歇山顶和攒尖顶等屋顶形式中,"戗脊"倾斜角度导致了屋脊角梁上铁钉使用的必要性。铁钉上方需用钉帽,为了美观,将钉帽装饰化,仙人脊饰与其后的蹲兽便在此过程中形成。

审美趣味的变化,使得宋代建筑更加关注建筑细节的塑造。充满想象力和诗意的宋人,将建筑的细节刻画到极致,用以稳固垒叠的琉璃瓦的钉帽,被塑造成生动活泼的仙人走兽形象并逐渐形成规模。②

---

①② 黄洪波:《宋代建筑屋顶仙人脊饰形象探析》,《装饰》2015年第6期。

其中,"迦陵频伽"是屋顶上的神鸟。

德寿宫的建筑屋顶构件"迦陵频伽"饰件,在出土时已为残件。《正法念经》中说:"山谷旷野,其中多有迦陵频伽,出妙音声,如是美音,若天若人,紧那罗(歌神)等无能及者,唯除如来(佛)言声。"因此,迦陵频伽是佛国世界里的一种神鸟,也被称为妙音鸟。

迦陵频伽作为佛教特定的形象,在中国境内广泛流传,也作为建筑装饰件,广泛出现在建筑物中。

在《营造法式》中,频伽也写作"嫔伽"。这个仙人形象,体量稍大于岔脊上的蹲兽,其身披绫罗,手捧华丽法器,后背生有鸟形翅膀,飞于虚空之中。

迦陵频伽的形象,北宋开封出土过一只,也多见于同时期的西夏王陵,彼时的西夏崇尚佛教,且拥有莫高窟。往后的南宋、金、元都有此脊饰的出土实物。到了元末明初,嫔伽的姿态发生了一定变化,由正向飞天的形象变成了侧身飞翔。此后,人鸟合体的迦陵频伽分化成了一人一凤的骑凤仙人。

迦陵频伽的凤凰形象,在绍兴的兰若寺也出土过。作为墓地上的凤凰,翅膀张开,意欲飞去彼岸。但是,仔细观察德寿宫的迦陵频伽饰件,你会发现这只神鸟的翅膀收紧,仪态宁静安详。

或许,这喻示着德寿宫是一方祥瑞宝地,是一处可以停留

■ 陶迦陵频伽残片

栖息的地方。

　　今天的人们，恐怕已很难弄明白屋顶上那些仙人走兽的寓意了。

　　800多年后的杭州，城市发展，经济繁荣。在临安城的南面，钱塘江两岸，无数高楼拔地而起。淳熙十年(1183)八月十八日孝宗恭请太上皇宋高宗、皇太后观潮的江边，如今已竖立起了摩天大楼。

　　现代的建筑师们，借助800多年前的工匠无法想象的高科技手段与钢筋混凝土的材料，展现他们向天空无限生长的雄心壮志——越来越多的高楼出现在这座古老的山水之城。杭州绿地·城市之门、杭州国际中心、杭州博地中心、奥克斯杭州未来中心、浙江财富金融中心、新世界·财富中心、来福士广场……从200多米到300多米，巨大的建筑一直耸入云霄，生长到仙鹤都无法飞抵的高度。

　　假如我们回到800多年前的都城临安，可以发现，整座城市依然是扁平摊开着。那时候已经有了真正的坊巷市，官民合居一处，商业空前繁荣，做生意的小贩自由流动，一切都欣欣向荣。在城市的中心位置，御街的不远处，太上皇宋高宗正悠闲地居住在他的德寿宫里，享受他的退休生活。

　　天气晴好的下午，他会在后苑里走上一圈，然后登上宫中最高的那座建筑——聚远楼。在那里,他的视野一览无余,可以看到很远的地方……

　　赖有高楼能聚远,一时收拾与闲人。①

<hr>

① 出自苏轼《单同年求德兴俞氏聚远楼诗》(三首其一):"云山烟水苦难亲,野草幽花各自春。赖有高楼能聚远,一时收拾与闲人。无限青山散不收,云奔浪卷入帘钩。直将眼力为疆界,何啻人间万户侯。闻说楼居似地仙,不知门外有尘寰。幽人隐几寂无语,心在飞鸿灭没间。"

营　造

在德寿宫遗址中区大殿施工现场，一座纯榫卯结构的木质主殿已拔地而起。大量木构件在地面上分门别类地堆放，一台起重机正将这些构件由地面吊装到建筑物的上方。有十几名工人在屋顶安装施工。

这是中国传统木建筑常见的一种营造方式——中国的古人早就在建筑中使用了模块化结构，比如廊、柱、斗栱、台基等，都可提前在别处做好预制件，运到现场，再予以快速组装。

因为自然和人文环境的差异，跟西方的古建筑偏爱石材相比，中国古人更偏爱用木头。

木构建筑有很多优点，比如取材方便，施工便利。更重要的是，与西方的"砖石结构系统"相比，东方的"木结构系统"，更强调了人与自然之间的关系。

中国的传统哲学，宣扬的是"天人合一"的宇宙观，把人视为自然界的一个组成部分。中国传统建筑尤为重视"风水"，也是这种理念的体现。

1925年，在美国宾夕法尼亚大学建筑系读书的梁思成收到一个邮件，父亲梁启超给他寄了一份特殊的礼物——一本名为《营造法式》的书。

这本书漂洋过海，甚是奢侈。1919年，有一个叫朱启钤的人在南京江南图书馆的故纸堆里，偶然发现一本《营造法式》（清丁丙"八千卷楼"抄本），一向对古代建筑感兴趣的他视若珍宝，遂立刻委托商务印书馆将其影印出版。这个丁本屡经辗转传抄，错漏难免，朱启钤又委托大藏书家陶湘主持，将四库全书本、蒋氏密韵楼本和丁本互相校勘，并按照故宫内阁大库废纸堆中发现的《营造法式》宋本残页的版式，重新绘图、镂版，于1925年再次刊行，世称"陶本"。①

梁启超得到赠书，知道《营造法式》的价值，转手寄给了当时在美留学的梁思成和林徽因。

"虽然书出版后不久，我就得到一部，但当时在一阵惊喜之后，随着就给我带来了莫大的失望和苦恼——因为这部漂亮精美的巨著，竟如天书一样，无法看得懂。"这是梁思成在《营造法式注释》里写下的感受。

梁思成收到的这个"漂亮精美的巨著"，就是"陶本"。为了解开天书之谜，朱启钤于1930年创办了中国营造学社，梁思成

① 王南：《营造天书》，北京：新星出版社2016年版，第7页。

受邀加入,并从1931年起担任法式部主任,从此更是把破译《营造法式》当成一生的学术理想,开启了研究中国古建筑的漫长之旅。

《营造法式》诞生于近千年前的北宋,是徽宗朝官方编纂出版的关于建筑设计与施工的专著,于元符三年(1100)成书,崇宁二年(1103)刊行,其性质接近于今天的设计手册加上建筑规范。

作者李诫,乃北宋哲宗、徽宗两朝的将作监官员,也是中国历史上著名的建筑学家。

将作监,是北宋主管土木营建的机构,李诫在将作监任职13年,由主簿而丞,而少监,而将作监监(即主管官员,从四品)。他是一位实践经验丰富的建筑师,主持过大量重要工程,还是一位书画兼长的艺术家和学者。在这部书里,他总结了北宋时期的营造经验,尤其是以汴梁为中心的北宋官方营造技艺与工法。

《营造法式》于南宋绍兴十五年重刊,后期又复刻,可谓南宋的建筑方面的官书。

800多年之后,《营造法式》再次成为德寿宫复原建筑师们的重要参考依据。

中国古代建筑技艺,基本是师徒传承制,依靠口传心授,很少写成书。《营造法式》是其中最重要的一本建筑专著。

梁思成走上研究《营造法式》的道路后，对很多古建筑做了测绘对比研究，特别是对位于蓟县（今天津蓟州区）独乐寺观音阁做了研究之后，他发现，这座建筑里的成千上万个木构件，却总共只有6种规格。

这蕴含了中国古代建筑中一个非常重要的秘密。

"凡构屋之制，皆以材为祖。"通过对观音阁的研究，梁思成破解了《营造法式》的"天书"，他欣喜地发现了"材"是中国古建筑的精髓，也是《营造法式》的核心概念。

> 其在结构方面最大之发现则木材之标准化是也……以观音阁之大，其用材之制，梁枋不下千百，而大小只六种。此种极端之标准化，于材料之估价及施工之程序上，皆使工作简单。结构上重要之特征也。①

中国古建筑里，高度标准化的设计，就是"材"的概念。在法式涉及的各工种之中，"大木作"为重中之重。李诫在"大木作制度"中开宗明义，一上来就讨论了"材"的概念：

① 梁思成：《蓟县独乐寺观音阁山门考》。原载于《中国营造学社汇刊》1932年第3卷第2期独乐寺专号。

材（其名有三：一曰章，二曰材，三曰方桁）：凡构屋之制，皆以材为祖⋯⋯各以其材之广，分为十五分，以十分为其厚。凡屋宇之高深，名物之短长，曲直举折之势，规矩绳墨之宜，皆以所用材之分，以为制度焉。[①]

《营造法式》是一本极为难懂的书，书中所涉术语、名词极多，一般读者很难弄清楚每个名词具体的意思。如斗栱的"栱"这一个构件，就有华栱、泥道栱、瓜子栱、令栱、慢栱等五个基本类型，用于一组斗栱的不同部位。同样，"斗"又有栌斗、交互斗、齐心斗、散斗四个类型。斗和栱的组合，变化多端，错综复杂。

上面这段话里的"分"，读音为"份"，梁思成还发明了一个符号"分。"来表示。"分"是《营造法式》里的重要概念，也有学者用"份"来表示。

"材"，指的是一座木结构建筑中运用最多的标准木材的横断面。《营造法式》规定这种标准木材的横断面，高15分，宽10分，高宽比为三比二，一座木结构建筑中成百上千的栱、枋都是如此。标准材的三比二断面，让它具有了高度科学的受力性能。

---

① 见李诫著《营造法式》卷四《大木作制度一》，重庆：重庆出版社2018年版。

用现代建筑的术语来说，"材"就是木结构建筑的基本"模数"。

模数制，作为一种高度标准化的生产模式，使得木结构建筑所需的大量木构件可以批量生产、加工，甚至无须在工地进行。

祝勇在《故宫六百年》一书中说：中国古建筑的材分制度，"材"，是一个建筑构件的基本单位。斗栱，作用是分解大屋顶的压力，同时具有美观的效果。为了方便制造和施工，式样已趋于统一，尺寸也走向规范化，成了衡量其他构件的基本单位。①

"材"，成了衡量柱、梁、枋等构件的基准量词，进而可以推算出宫殿房屋的高度、出檐的深浅等数字。这种材分制度业已形成在当时世界上堪称先进的"模数制"。学者认为，"中国传统营造，是唯一将模数(module)彻底实践出来的建筑系统。在唐代已见端倪，在宋代已经成熟。很难想象，一座房子，一套家具，一组屏风，一张画轴，一个窗，说玄一点，包括透过窗牖所见的院子风景，都和模数有关"。②

《营造法式》将"材"的大小分成八个等级(规格)，每一等级均制定了具体尺寸，从一等至八等，适用不同规模的建筑。如：

① 祝勇：《故宫六百年》，北京：人民文学出版社2020年版，第25页。
② 赵广超：《紫禁城100》，北京：故宫出版社2015年版，第83页。

一等材：广九寸，厚六寸。殿身九间至十一间则
用之。

二等材：广八寸二分五厘，厚五寸五分。殿身五
间至七间则用之。

三等材：广七寸五分，厚五寸。殿身三间至五间
或堂七间则用之。

·············

广者，即高，厚者，即宽。一等材的断面高、宽，正好是八等
材的两倍。如果做成一组形式一样的斗栱，体积是后者的
八倍。

因此，建筑类型、构件长短、举折高低，均以"材"为标准。
"材"的等级，决定了建筑的规模。

德寿宫的建筑里，大量运用了"铺作"，即斗栱。

斗栱，主要由水平放置的"斗"、矩形的"栱"以及斜置的
"昂"等构件组成，在柱上伸出悬臂梁，支撑屋檐悬出部分的
重量。

因其结构部件层层相叠铺设而成，在宋代称"铺作"，清代
称"斗栱"。此外，铺作也指斗栱的类型，斗栱出一跳称之为"四
铺作"；出两跳称之为"五铺作"，出三跳称为"六铺作"，依此
类推。

　　中国古建筑里的斗栱,看起来复杂无比,令人眼花缭乱,但对于匠人来说,却十分简单明了。所有的栱,不论是华栱、泥道栱、瓜子栱、令栱还是慢栱,横断面都是一材或一足材①,只是各栱长度不同,栱端略有差异而已。每铺一层栱和斗,高度即增加一足材。

　　为了采访德寿宫复原的建筑师们,理解他们口中不时冒出来的各种古建筑术语名词,我花了足足一个多月时间翻阅《营造法式》,希望能更好地理解中国古建筑。

　　然而,这些术语依然极其难懂。

　　我由此却更加明白,一本诞生于800多年前的《营造法式》,如何深刻地影响了中国人的建筑,以至于今天的工匠们,依然要一丝不苟地遵循这些制度。

　　只是现在,懂得古建筑的人越来越少了。

　　整座德寿宫的中区大殿,完全由柚木搭建而成。整座建筑用了大约2500立方米木料,以榫卯技术搭建,没用到一颗钉子。

　　作为有30多年木结构施工经验的老师傅,王根华参与修复的古建筑很多,包括福建的崇恩寺、宁波的雪窦寺等。

---

① 足材,在《营造法式》中,除了作为"基本模数"的"材",还设置了一个"辅助模数"的"栔"(音"至"),栔广六分,厚四分。材加上栔,谓之足材。

■ 德寿宫保护展示工程整体格局鸟瞰效果图

虽然经验丰富,但王师傅还是觉得德寿宫工程"充满挑战"。

"要求高、工期短,但最难是难在'原汁原味'四个字。"王根华说,德寿宫是宋式宫殿,但在全国留下来的宋式建筑很少,宋式宫殿建造更是没有先例可循。

王师傅是绍兴市古建筑园林建设公司的老员工了。绍兴古建是绍兴市文化旅游集团有限公司下属的国有控股企业。30多年前,高中毕业的王根华入行,跟着师傅学习古建筑设计,此后这大半辈子,都在跟古建筑打交道。

在王师傅看来,唐代建筑以肥为美,略有些臃肿。宋代建筑推崇雄伟壮观的风格。到了明清,就小巧玲珑、花样百出了。从前的工匠们,在建造木构建筑时几乎没有什么机械,两个人拉锯,全都靠手工完成。那些技艺,都是木匠师傅们代代相传的,也蕴藏着许多智慧。

"以前人造塔,塔很高,有的有四五十米,又没有吊车,没有脚手架,怎么办?他们就用沙包堆,一个垒着一个往上堆,长长的沙包堆出一条斜坡来。"

"工匠们要搬运石料,巨大的巨料抬不动,怎么办?在冬天寒冷的天气,工匠们在地上泼水,让路面结冰,一层层泼水,结的冰厚厚的,然后在冰上运送石料。"

王师傅所在的木工班组,一共有86人,平均年龄50多岁,都是经验丰富的木匠师傅。每一个环节开始前，木匠师傅们都会预先看好图纸，并进行图纸会审。但是现在，这一行里很多工匠已经不太懂古建筑了，有的人看不懂图纸。

"既懂设计又懂施工的老师傅，已经不多了。"王师傅说，一座建筑的平面开间定下之后，他自己能计算出需要多少料来。这些技能其实是代代相传的，在原先可能是基本技能。《营造法式》这些典籍里都有，只是现在的古建筑做得不多，一般的木匠师傅不会了。

就算是古建筑这一行，做明清建筑的人，也不懂得宋式建筑怎么做。

德寿宫的复原，其实难度非常大。最难的是要求原汁原味，每一个细节都要反复推敲。比如斗栱、柱础、柱头的卷杀、瓦当、檐口，等等，每一个建筑细节，一遍遍打样，一遍遍修改，才能最终确定。

"最早的设计图纸是平面的，实物做出来，观感很可能会不一样。"王师傅说，他们也一遍遍跑博物馆，揣摩那些出土的构件是怎么样的味道，线条怎么勾勒。有的泥雕，乍看一眼，很简单粗犷，但又大气拙朴，这是宋代的风格。

"再一个是，现在的任务是德寿宫，这是皇宫建筑。如果是民间的，仿宋建筑，细节上差不多就行了，马马虎虎就过去了。可是在德寿宫，每一个细节都不会轻易放过。"

柱础上的莲瓣,厚一些,还是薄一点? 按照图纸打样,专家看了以后再调整细节,再打样,又调整细节,一遍遍反复,最终才定型。

听王师傅聊天,他随口就能报出很多数字来。"大殿上的鸱吻,我们叫它'龙头剑把鱼尾鸱吻',高1810毫米、950毫米,宽340毫米,侧面是1320毫米,这样的龙头部位,是675毫米高——你想想看,在那样雄伟的大殿的屋顶上,人站在地面看上去,其实是非常遥远的。谁会注意到那么小的细节呢? 实际上没有人能注意到的。但是为了原汁原味地体现宋代韵味,我们是反复推敲的。"

"你看这里,龙头位置,原来眼球突出的,舌头弹出。你再看这个修改之后的样子——眼睛的角度是不是不一样了? 还有嘴巴张开的角度、龙须的弯曲度,都不一样。"

"我们有一个专家定样的微信群——卓局也在里面,黄滋院长为首的技术团队,还有特别邀请的几位专家,都在里面。比如这个打样对不对,大家每天都在群里讨论。有时候,一个晚上讨论二三十次都不止,凌晨了还在讨论,还在修改。比如说,就鸱吻这一点东西,就改了几十次。"

"那么,还有望柱、莲花座、斗栱什么的,每一条线条、一个花纹、一个角度,都会修改打样好几次。比如柱子上斗栱的'卷杀',一刀一刀都是有角度的。黄滋老师是行家,他只要瞄到一眼,就说这个味道可能不对,不是这样的。他详细给出指导,应该是这样一刀一刀,切割出角度。改了以后,他还要现场看过,看看对不对,如果哪里不对的,就还要修改打样。"

王师傅讲到的月梁,《营造法式》也有专门讲到,这个月梁两头的"卷杀"、月梁向上的凹进部位,都有明确的规定。"卷杀"其实是把某一个构件或部位的端部,做成缓和的曲线或折线形式,这样就多几分柔和。就是这样的曲线,其实每一个时代都有不同,一般的人根本注意不到这样的细节。但是长期浸淫在这一个行业的老专家,可以说是一打眼就知道哪里不对。

这样的"不对",有时凭的是直觉或感受。但是一深究,翻出相关的资料来,果然证明直觉是准确的。

"我们尽量多讲究一点细节,少留一点遗憾。"也正是冲着这样的目标与"传世"的精品意识,德寿宫建筑复原的每一位建筑者,都在工作中精益求精。

800多年前的德寿宫,汇聚了南宋的一批能工巧匠。大木作、小木作、石作、瓦作,以及雕作、旋作、锯作、竹作、泥作、砖作、窑作、彩画作等等匠人,也许来自全国各地,但受交通运输条件限制,施工地点并不会太远。将作监,这个为皇室工作的机构,将会负责召唤来自各地的能工巧匠,统筹完成宫室的建设。

800多年后的今天,这些工匠分散于全国各地,几乎是天各一方。

德寿宫中区大殿的建设现场,在很长一段时间内挂着几条红幅,大字"上梁大吉"两侧分布着很多建设单位的名字。今天这个时代,每一个建筑工程几乎都有许许多多个主体参与其中,一个总包,若干个分包,分包下面又有分包。专业的人干专业的事情,这是一个分工极其细致又极其需要密切配合的时代,就像是一台快速高效运行的大机器,每一个零件都在发挥着无可替代的作用。

德寿宫遗址保护与展示,是一个系统性工程,它与普通的建筑工程又完全不同。其所涉面极广,首当其冲的是遗址与文物的保护。卓军先生一再地说,皮之不存,毛将焉附,如果遗址没有保护好,如果文物被损坏,那将是不可饶恕的事情。其次,德寿宫主体大殿的建筑复原,以及到后期的展示展陈,每一个工种都需要不同的专业机构去完成。

有时候,面对纷繁错杂的工作项目我都有点晕头转向,但几百号人在这个工地上自如运转有条不紊,这是一个有机、有序的组织系统。譬如王师傅就是古建筑公司的项目经理,在他手下的几十号工匠,每一个人正在做着什么,每一项工作进展如何,他心里跟明镜一样清楚。王师傅每天上午很早就到项目现场,直到下午五六点钟离开,建设工地上的点点滴滴都逃不过他的眼睛,何况他还是一个有着30多年工作经验的项目负

责人。除此之外,还有一些事务需要他去联络、协调或采办,那
就是对接下一级的供应商,除了主体建筑的木构件是在本省加
工完成,很多构件分别由其他专业匠人去制作与生产。例如:

铜构件:在杭州加工

石作构件:在福建加工

瓦作构件:在河南加工

方砖构件:在宜兴加工

……

一种建筑的组织形式,通过项目把工匠联结起来的方式,
已经发生了变化。这有赖于信息的有效沟通和物流的四通八
达。你很难想象,换作数百年前的时代,建筑的某些构件要从
几千公里外的地方加工好再运来,那是一件多么不可想象的
事。当然了,皇家自然也能号令天下做成此事,但其间耗费的
时间与经济成本,无疑也是惊人的。

我在采访绍兴古建园林公司时,得知德寿宫主殿所用的柚
木,是从张家港运输而来,而张家港口岸,又是从遥远的非洲海
运而来。

张家港是全国的木材集散地之一,有着"进口原木超市"之
称,也是我国最大的海运进口木材集散地。2015年的一份媒

体报道指出,张家港口岸进口的原木,来源主要是非洲、东南亚和大洋洲三个地区,其中加蓬、巴布亚新几内亚和马来西亚是该口岸进口原木来源最大的三个国家。在张家港口岸进口的树种达300多个。

缅甸柚木价格过于昂贵,非洲柚木价格相对合理,建设方斟酌之后,决定从非洲进口原木,用于德寿宫木构建筑。德寿宫建筑的所有木构件,原料都是整根的,不允许出现拼装的情况,采购的原木直径很大,这样才能保证每个构件的完整性。

这些木头从非洲的土地上被砍倒,剔枝,烘干,然后在港口装船,漂洋过海,直至抵达太平洋西岸的中国,从东部沿海的张家港口岸登陆。然后,木头被装进大卡车,通过高速公路、国道、省道,从张家港一路运到宁波,进行木料的加工。

但是,在这个过程中,各地均先后遭遇了一次新冠肺炎疫情,木头运抵宁波的途径被短暂关闭,其中部分木材被封闭了21天。最后,建设方不得不另觅他处进行加工。

至于石材,原料产地是在山东。施工方先是在全国范围内广泛物色和筛选,找到了十几种大致适用的样品。最后,专家们一起研究,选定了山东产地的石料。

磉礅——柱子底下的础石,一般的石材加工基地能做出大致的样子,但是王师傅他们在山东找了十来家工厂,打样之后发现,都做不出他们想要的效果。最后,当机立断,决定运到泉州加工。

"我们一定得找到全国最好的资源，来为德寿宫项目服务。"王师傅这样说，他的脸上露出毋庸置疑的坚定神情，看得出来，这神情里还有一份自信与骄傲。泉州的石材加工远近闻名，2012年的媒体报道显示，作为全国著名的石材加工基地之一，当年泉州拥有石材企业3000多家。石材加工至今仍是泉州市的支柱产业。

从山东到泉州，一千数百公里，运输费用是一笔不小的开支。为了保证石材能加工出理想中的线条，建设方不惜下大功夫。大卡车运送这些沉得无比的石料，卡车司机们长途辗转，一路奔波，送到泉州的工厂，直到加工出想要的宋代构件效果来。加工完成后，再运到杭州项目现场。

还有一些石柱、石地栿，同样如此。尤其是石地栿，长的要求达到6米多，而且只能在原石材上截取出来，不能拼接。这难度极大。这种石材属于石灰岩的一种，有的原材上就有裂缝，加工过程中稍不小心就会断裂，而一旦断裂，这整根石材都只能废弃。

"最后的成品率，我们算了一下，50%还不到。"王师傅说，如果是一般的建筑，大家就会认为这种耗费是无意义的。但是，这是德寿宫，南宋皇宫项目，值得用这个时代最顶尖的工艺去完成。

"想想看,如果是在南宋,工匠们又哪里敢以次充好呢? 一定会把最好的材料、最好的工艺,在德寿宫这样的高端项目上呈现出来。所以,我们今天来复刻德寿宫,又岂能降低要求。"

4月的一个夜晚,我给史浙明发微信,向他确认德寿宫的瓦作构件是在哪儿做的。他回复说,"河南郏县的苗老三"。

我想采访一下,便向老史问对方的电话,"可以,"他说,过一会儿就发来了苗老板的手机号。史浙明是绍兴市古建园林建设有限公司的股东,德寿宫的古建部分,都是老史在谋划着。

德寿宫的瓦作部分,考古人、学者、专家做了反复研讨。照理说,德寿宫这样皇家建筑用琉璃瓦一点也不奇怪,奇怪的是,整个考古发掘过程中,一片琉璃瓦都没有发现。既然考古结果不支持,那还是尊重考古,考虑用黏土瓦。之前的铜瓦方案,也同样被否决了。

到了设计的第三稿,定下来用黏土瓦。

"历史上的德寿宫应该用的是黏土瓦,材料来自本地。所谓的秦砖汉瓦,都是黏土瓦,就地取材,用柴火烧窑。柴火窑,温度不高,所以省内出土的,民间用的都是这种黏土瓦。"

他们后来找到了苏州的窑,定了一些样品,但是颜色上深浅不一,不是很令人满意。老史说,现在烧黏土瓦的,几乎已经没有了,建筑上很少用到,只有一些公园和仿古建筑,以及特殊的场合会用；另外，就是限制多了，以前都是稻田里取土，现在你从哪里取土呢？

那就考虑用陶土瓦了。陶土瓦与黏土瓦差不多，主要差异是原料不一样，陶土瓦用的原料跟宜兴做紫砂的差不多，但是宜兴的烧制温度低，河南的陶土瓦烧制温度高，烧到1200多摄氏度，这个瓦的硬度就高。老史他们，也做古建园林几十年了，合作过的瓦作工厂不少，打了十几个样品，看颜色、光洁度、精细度，比较来比较去，最后还是选定了河南的苗老三。

"这次之前，我跟史总他们素不相识。"电话打通了，我跟苗老三聊了聊。苗老三说，史总找上他们，纯粹是口口相传。苗老三瓦业这几年做的瓦件很多，湖北襄阳的唐城影视城、山西的五台山寺院、河南少林寺、天津大戏院，都用到了他们家的瓦作；另外贵州铜仁、新疆喀什、黑龙江的一些地方，也用了他们的瓦。就这样，客户之间相互传递信息，史总就找到他了。

苗老三这里，所有的瓦都是订单生产，根据客户所需来单制作。河南是古建大省，苗老三的祖辈就是做琉璃瓦的。苗老三本名苗书军，平顶山郏县安良镇塔林坡村人，从小跟着父亲在小陶瓷厂学艺。高中毕业后，跟着父亲一起做事。那时候，生产工艺落后，设备更落后，小厂只能生产桶罐、小黑碗，几乎都是地摊货。苗老三说这样不行，要做青灰瓦，本地陶土资源丰富，他的产品品质好、价格优，生意路子就越做越广了，青灰瓦、劈开砖、古建瓦、西式瓦,都能做出来。为了做出好的产品,他还专门去北京门头沟、江苏宜兴等地拜访名匠名家,又出很高的待遇聘请了配色匠、泥塑匠等每道工序上的手艺技师,工艺上也进一步改进,用上大型隧道窑,有的上釉的产品,经过1300摄氏度的高温,烧两次制成。

为了烧好德寿宫的瓦,苗老三带人专程到杭州来,在考古学家的指导下,用发掘出来的瓦片做了拓模。也就是说,德寿宫每一片瓦,都是按照南宋时的纹饰和样式定制出来的。电话里,苗老三说这批瓦件已经烧制完成,刚准备通过物流网络向杭州发货。

这个时候,我仿佛看到苗老三站在大型隧道窑前,窑中的炉火正旺,而瓦作干坯正沿着传输带被送进大型的炉膛之中,红彤彤的炉火映红了他的脸庞。这是一个21世纪20年代的瓦作工匠,很显然,他手中的劳动工具已经跟800多年前的不一样了,他的手中有一部手机,这部手机正接通着整个中国。他有时候用它来接听电话,有时候用它来拍摄炉火甚至可能是做一场烧窑的网络直播,因为多年来与陶土密切接触,他指掌之间的纹路都很粗糙,正是这样的一双手掌,把他的瓦片一片片地输送到全国各地的屋顶。不管那地方多么遥远,那里的风声雨声,瓦上的霜与冬天的雪,从此都跟他的陶土、他的窑炉、他的手掌发生着微妙的联系。

追 寻

离德寿宫遗址东面几步路的地方,有个断河头小区。住这一片的老人家都知道,这个名字是有来历的,"东河在这里断了头"。

为什么东河会在这里断了头?

——还不是因为要建这座德寿宫。

把秦桧的旧宅拿来改造成德寿宫,自然也要扩大地盘,就把东面的河填了,成了断头河。

考古的结果,说得明明白白:德寿宫的宫墙和临安城的城墙,最近的地方,差了不过一米,可以说把皇宫地盘用到了极致。

东河,在南宋时叫菜市河,全长4.1公里。菜市河起自新门外,北经章家桥、菜市桥、坝子水门流入泛洋湖,再往北,在德胜桥与京杭运河合流。

南宋绍兴三十二年(1162),为配合德寿宫的扩建,东河的南端填平了。

同年六月,宋高宗正式退休,住进德寿宫养老。

《西湖游览志》称:"(菜市河)又曰东运河,其源本通保安水门,自宋筑德寿宫而湮之,故称断河头也。其水过斗富桥、春熙桥、淳祐桥、横河桥、庆春桥、坝子桥,出艮山水门。"

高宗赋闲在德寿宫的日子大约有25年,那恐怕是他一生当中最为快乐的漫长时光。一条河在这里中止了水的流动。一条河经历过的远方都成了记忆,所有的跌宕起伏都成了过往,如今在这里波澜不兴、宁静缓和,说到底,这会是一条河的最好归宿吗,还是一条河的妥协与不甘?

同样的,在德寿宫,一个皇帝在这里中止了他的半生流离与辉煌。他所经历过的所有屈辱与不堪,都可以被刻意地遗忘;他胸中激荡过的远大抱负,也都可以被无限期地搁下。此刻,他开始坦然接受命运的安排。

作为一朝天子,他的上台必然是天意的安排,不管这安排有多少戏谑,多少意外,这一副历史的重担,终究还是落到了他的肩上;而作为卸任后的太上皇,他的退居也是冥冥之中的任务,必有一双拥有无上力量的大手,在背后左右着这一切。

作为一个顶尖的艺术家,我们可以相信,他对于世界的感知,必也超出一般人。他的敏感也超出常人。他对自我的反思,他内心的惊惶,他无法释怀的屈辱,他对天地之间事物的无能为力,一场纷纷扬扬的雪,深深地落到自己的一生中。

163

■ 藻井（2022 年攝）

每一个人都有他自己无能为力的事,要如何才能跟自己的这半生和解,成为他退居德寿宫后的人生课题。

当高宗决定禅位的时候,这就是一个具有超强禀赋的顶尖艺术家的选择,一旦他做出了决定,就没有人可以唤得回他了。

在中国的历史上,主动禅位的皇帝屈指可数——从秦始皇嬴政称"皇帝"开始,到中国最后一个皇帝溥仪退位结束,共经历2132年,前后共历经83个封建王朝、493个皇帝,主动禅位的不过7人。而赵宋王朝的高宗禅位,并非什么迫不得已之事,纯出于自己的意愿,这就更加少见。

尽管高宗也有自己的小算盘,他选择极为孝顺的赵昚来继位,自己退位当太上皇,实则依然还能够大权独揽,掌握朝政;另一方面,自己又能相对超脱,不用再担惊受怕——都到这个岁数了,还要再噩梦相伴、辗转难眠吗?

800多年内,这座城市发生着翻天覆地的变化。德寿宫这一块地方,也可谓沧海桑田——地表的建筑盖了又毁,毁后又盖,四面的树木荣了又枯,枯了又荣;断壁残垣一层层累积,将一切过往的痕迹覆盖。

当今天的人们试图重建德寿宫这座南宋建筑的时候,更多考虑的是,如何将建筑与今日的城市界面进行融合与对接。

在这一片荒废已久的地面周围,正展开的是21世纪20年代热烈奔腾的生活图景。马路上的马车早已消失,代之以排成长队的四个轮子的钢铁怪物;与德寿宫隔河相望的是鼓楼和御街,隔路相望的是胡雪岩旧居,在德寿宫的东面则是一排排规整的居民楼。在这样的一个地方,重新从土地上生长出来的德寿宫,会显得突兀吗?

德寿宫遗址保护和展示工程,主要有两块内容,一块是中区的遗址保护厅棚与其上部立体标识复原展示的大殿,另一块是西区的遗址保护棚。

西区这一块的遗址,大约有5000平方米,气势恢宏。但是如此大体量的单体建筑,应该怎么处置呢? 这是建筑师们一直伤透脑筋的事情。

在这块遗址,这个巨大的建筑,能为遗址的保护展示提供最适宜的小环境。同时,作为一个现代建筑,它的尺度、形态应该怎么样,它与城市环境是不是能够很好整合? 它与中区的德寿重华大殿,又是一个怎样的关系呢?

一轮轮的头脑风暴,一轮轮的否定又否定。建筑师们绞尽脑汁,初步形成了几个方案。

在此过程中,他们又参考了国内许多成功案例,如位于广州市的南越王宫博物馆。这是被列入国家"十一五"期间重点保护的大遗址项目,展示2000年前的南越国王宫御苑遗迹遗物。

　　同样,西安市的秦始皇兵马俑博物馆,还有其他国内外重要的大遗址保护项目案例,他们也都做了广泛的考察与研究。

　　现在,经过漫长的讨论、修改、论证,终于拿出了一个既现代又抽象的德寿宫遗址保护棚的建筑形态。

　　一个抽象的大屋顶。

　　一组融合了中国传统建筑元素的"二重檐"。

　　这使得西区遗址的建筑一下子变得既轻灵又有些传统意蕴,好像是从南宋这块土地上土生土长出来的事物——它虽然抽象,却又令人似曾相识。传统文化这个东西,就像日常的水与空气,融汇在你的审美里。所以,当浙江省古建院的建筑设计师们最后拿出这个方案的时候,所有人都眼前一亮。

　　就是这个了。

　　接下来是一轮轮的深化。

　　屋顶,线条,形态,光线,色彩,高度,与周边的关系,等等。这样一座巨大的现代建筑,落在一条古老河道的旁边,落在古老御街的东面,落在800多年前南宋北内皇宫的遗址上面,它应该以怎样的姿态,来呈现独属于那个时代的气韵与风采呢?

　　当然,作为一座现代建筑,当它最终呈现出来的时候,也一定会有各种各样的观看角度,会有各种各样的观感与评价,这都无妨。越能引起讨论的,也许才是越有价值的。

　　很多时候,人们对于美的感受力并不是一条直线,不随年

■（北宋）赵佶《文会图》（局部

龄的增长而递增,也不因时代的前进而增长。对于美好事物的感受,很多人相信,南宋时期必是一座高峰。

照这样的时代去复原一些事物、复原一些生活,这样的努力一定是有着巨大难度的。

现在,让我们假装是一只鸟,从天空俯瞰德寿宫,这座重新从800多年前的地基上生长出来的建筑群,注入了当下最富想象力、最具有审美感受力的一群人的共同灵感。中区的大殿,是完全忠实于考古发掘与文献记载的宋式建筑的实体呈现;西区遗址保护区的建筑则是当下建筑的创作,以遗址保护与展示为首要目标,以当下人的建筑艺术审美,向800多年前的宋式美学所做的一次致敬;对北面有大量文字记载,但未能发掘和复原重现的园林部分,则以数字化影像的方式,作虚拟场景的重现。

这是一次穿越,更是一次对话。

媒体报道一:断河头片区位于小营街道西牌楼社区,这次旧改,包含了断河头小区和建国南苑高层小区两个部分,共64个单元,涉及1573户居民。该片区西沿中河中路、北临河坊街、东至江城路、南接望江路⋯⋯

媒体报道二:浙江经纬工程设计有限公司景观设计师薛锋说,我们提取了杭州的市井文化、建筑文化、观潮文化,将杭州拌川、德寿宫翘角屋檐、钱塘潮水抽象化,组成了一个颇为中式的LOGO(标志)。这个LOGO,今后有可能出现在小区的导视牌、公共服务站等地方……

媒体报道三:拆掉楼间的围墙,进一步拉近邻里关系,就像南宋时那样,"使童仆挑着木鱼、龙船、花篮、闹竿等物归家,以馈亲朋邻里",亲切而日常。

媒体报道四:在设计时,我们运用了"灰六度"理念,让片区的整体色调以黑白灰为主,毕竟白墙黛瓦是江南古典园林的经典色调嘛……

在德寿宫项目如火如荼进行的同时,人们也都在关注着这个地块的变化。一座德寿宫,在800多年前也许是这座都城民众的目光焦点,它的一举一动,牵动着整座城市;今天,这座城市变得极其庞大,美好的事物、新鲜的事物层出不穷,一座旧宫殿的重建,毫无疑问,依然是许多人关心的对象,尤其对于周边的人们来说,这已经与他们的日常息息相关。

譬如,每次经过望江路的时候,人们会不由自主地放慢车速,朝德寿宫的方向望一望。

譬如,每次在媒体上看到德寿宫的新闻报道时,人们会停驻目光,逐字逐句地阅读。

这是一座城市对于南宋风雅的再现,这也是一座城市的居民对于传统文化精神的追慕。

当许多人步入德寿宫大殿的中轴线,欣赏整座建筑群时,又能一目了然地理解中国封建社会的礼制关系,主次有序,和谐统一。

当游客进入这座昔日宫殿内部,目光停留在德寿宫的大殿上,就能读出那个时代的美学特征——那个时期的建筑已一改唐代雄浑的特点,变得更加和谐轻柔,屋脊、屋角的起翘之势翩翩欲飞,它的窗棂、梁柱与柱础的石刻,线条十分丰富,耐人寻味。

当游客有心察看建筑的细节,则会发现梁柱上的线条与别的朝代建筑细节不一样,月梁上的"卷杀"一刀一刀下来,曲线浑然柔美。这与清代略显生硬的线条不一样。

如果游客还有心研究一下屋顶的鸱吻与脊兽,你会发现每一座都神态各异,仿佛在讲述着古今沿袭而来的故事;而当你注视屋檐下层层铺设的斗栱,又能发现这些斗栱与《营造法式》的严丝合缝的关联与秘密……

德寿宫的每一处角落,每一个细节,都在邀请人们的注视与阅读。

因为每一次这样的注视与阅读,都是一次时光的穿越,更是一次对美的追寻。

第四章

人生如寄

后苑的石头

中国的花园如同大自然的一个单元。[1]

——[英]坦伯尔

---
① 转引自萧默:《建筑的意境》,第129页,北京:中华书局2014年版。

青 莲 朵

如果石头也有记忆，那么"青莲朵"的每一道褶皱，都储满故事。

"青莲朵"，原是南宋德寿宫后苑里的一块石头。

德寿宫的后苑，是一座千岩万壑、参差翠麓的园林。在这个园子里，有一块石头，将成为这座园林的故事讲述者。

这是一块"芙蓉石"。这块石头玲珑苍润，像极了一朵芙蓉花。①

宋高宗到德寿宫居住之初，德寿宫的规模并不大，仅修了前苑的宫殿区，还没有后苑。宋高宗素爱湖山，搬进德寿宫之后，也常常出宫去逛西湖。后来他觉得总是兴师动众游山玩水过于扰民，于是在后苑造了园林。

---

① （清）朱彭等：《南宋古迹考》，杭州：浙江人民出版社1983年版，第35页。
"芙蓉石，《宗阳宫志》云：以其玲珑苍润，宛似芙蓉，故名，与古梅同为德寿旧物。明时孙杕写梅，蓝瑛写石，好事者刻于碑，题曰梅石双清。"

乾道三年三月初十日，南内遣阁长至德寿宫，奏知
连日天气甚好，欲一二日间恭邀车驾，幸聚景园看花，
取自圣意，选定一日。太上云：传语官家，备见圣孝，
但频频出去，不惟费用，又且劳动多少人。本宫后园，
亦有几株好花，不若来日请官家过来闲看。①

孝宗对高宗极为孝顺，知道太上皇的圣意后，就命修内司
广召能工巧匠，为北内德寿宫后苑修造园林。这是一番大工
程。高宗本人艺术修养甚高，对修造山水园林自然是极讲究
的，德寿宫里的皇家园林规模宏大，设计精巧，可谓当时园林艺
术的翘楚之作——

于北内后苑，建造冷泉堂，叠巧石为飞来峰，开展
大池，引注湖水，景物并如西湖。其西又建大楼，取苏
轼诗句，名之曰聚远，并是今上御名恭书。又御制堂
记，太上赋诗。今上恭和，刻石堂上。是岁翰苑进端
午帖子云：
聚远楼前面面风，冷泉堂下水溶溶，人间炎热何
由到，真是瑶台第一重。

---

① (宋)周密：《武林旧事》插图本，北京：中华书局2007年版，第196页。

又曰：

飞来峰下水泉清，台沼经营不日成。境趣自超尘
世外，何须方士觅蓬瀛。

皆纪实也。[1]

灵隐寺的飞来峰、冷泉亭，都是临安的胜景，太上无法常
去，就干脆在德寿宫里复制一个。

这座园林的规模极大，甚是宏伟。德寿宫作为皇家建筑，
集南宋造园精华于大成，体现了当时园林建筑的最高技艺。

德寿宫的整个建筑园林，没有延续汉唐时期金碧辉煌的风
格，而是体现了小巧精致的江南特色，代表了南宋的园林风
格。南宋的园林最为人所赞叹的，并不是它的极尽奢华，而是
以丰富的景观和深远的空间为核心的造园技法。这种技法，胜
在对意象思维的激发，营造出一片自然幽趣。因此，这也是一
座文人园林。

在德寿宫的后苑，小西湖是整个园林的中心，湖面有十余
亩。园林修成后，高宗还为德寿宫赋诗一首，为后人描绘了这
里的园林景象：

---

① （宋）周密：《武林旧事》插图本，北京：中华书局2007年版，第197页。

■ 德寿宫后苑冷泉堂赏月想象图（浙江省古建筑设计研究院复原图）

山中秀色何佳哉！一峰独立名飞来。参差翠麓
俨如画，石骨苍润神所开。忽闻仿像来宫闱，指顾已
惊成列岫。规模绝似灵隐前，面势恍疑天竺后。孰云
人力非自然，千岩万壑藏云烟。上有峥嵘倚空之翠
岭，下有潺湲漱玉之飞泉。一堂虚敞临清沼，密荫交
加森羽葆。山头草木四时春，阅尽岁寒长不老。圣心
仁智情悠闲，壶中天地非人间。蓬莱方丈渺空阔，岂
若坐对三神山。日长雅趣超尘俗，散步逍遥快心目。
山光水色无尽时，长将挹向杯中渌。[①]

后苑有许多亭台楼阁，奇花异草。李心传在《建炎以来朝
野杂记》中录有名称：

东则香远（梅堂）、清深（竹堂）、月台、梅坡、"松菊
三径"（菊、芙蓉、竹）、清妍（酴醾）、清新（木樨）、芙蓉
冈，南则载忻（大堂乃御宴处）、忻欣（古柏、湖石）、射
厅、临赋（荷花仙子）、灿锦（金林檎）、至乐（池上）、半
丈红（郁李）、清旷（木樨）、泻碧（养金鱼处），西则冷泉
（古梅）、文杏馆、静药（牡丹）、浣溪（大娄子海棠），北

---

① 《咸淳临安志》卷二。参见《钦定古今图书集成·方舆汇编·山川典》第五
卷，宋高宗《题宫内飞来峰冷泉堂》。

则绛华（罗本亭）、旱船、俯翠（茅亭）、春桃、盘松（松在西湖上，得之以归）。

宋高宗是一个极为热爱花草的人，芙蓉是他最喜欢的几种花木之一，后苑里的"松菊三径"其中有一径便是以芙蓉为景，还有一处"芙蓉冈"，同样种满了芙蓉花。芙蓉花在秋季盛开之时，花瓣层层叠叠，颜色清丽淡雅，常入画家笔下。宋徽宗就画过《芙蓉锦鸡图》。当芙蓉绽放之时，宋高宗每于后苑赏花观景，花前流连，也许他会想起徽宗笔下的芙蓉，或者不免也会有些许忧伤。

那块形似芙蓉的"芙蓉石"，是一块体积巨大的太湖石，成团抱形，窍多而奇丑。太湖石出自苏州洞庭西山，那些石头历经千百万年的湖水冲击，其上孔穴参差密布，玲珑剔透。米芾说石之美，全在于"瘦漏透皱"四字；林有麟则说，石之妙全在于"玲珑透漏"。大意差不多——太湖石正是如此，多孔窍而备受文人喜欢。赏石，正是赏石的窍穴，有了窍穴，石才有了空灵之美。

中国人对于奇石的欣赏与把玩，在南宋时达到一个高峰。

中国的第一部论石专著《云林石谱》，成书于南宋绍兴三年（1133），作者杜绾，字季阳，号"云林居士"，绍兴人。《云林石谱》中说，"一拳之石，而能蕴千年之秀"。石表面上看起来是丑的,其实它蕴含了"千年之秀",而且"石令人隽",在中国的文人看来,每一块石头,都是一个美的世界。

"芙蓉石"作为德寿宫一景,得到宋高宗的厚爱,他又命人在石旁种了一株古老的苔梅。此时,石隐梅下,梅绽石顶,梅石相映成趣,美其名曰——梅石双清。

和芙蓉一样,梅花也是宋高宗喜爱的花品。

淳熙五年(1178)二月初一日,孝宗到德寿宫来看望太上皇高宗,太上留坐后苑冷泉堂,后来父子二人一起到石桥亭子上看古梅。

宋高宗对于这两株梅花,可谓喜爱至深。按赵构的描述,这两株古苔梅真是稀有之物。后世的清人陈元龙在《格致镜原》描述这种古梅:"其枝樛曲万状,苍藓鳞皴,封满花身,又有苔须垂于枝间,风飏绿丝,飘飘可玩。凡古梅多苔者,封固花叶之眼,唯罅隙间始能发花,花虽稀而气之所钟,丰腴妙绝。"

这样一幅"梅石双清"景,也一直在德寿宫的后苑留存。

后来,开禧二年(1206),德寿宫毁于一场火灾,60年后,在南宋晚期,德寿宫原址的一半改建成为宗阳宫,用以祭拜道教太上老君;南面的一半则改成民居,圈地改为路面,边上有一座桥,称为"宗阳宫桥"。又10年后,1279年,元人攻入临安,南宋灭亡,德寿宫退出了历史舞台。

当地面上的德寿宫荡然无存时,那块芙蓉石还兀自落寞地留在那里。每有文人墨客看到,也会发思古之幽情,为它吟诗作画。

明代永乐年间,宗阳宫花园改成市舶司,嘉靖中又改为南关公署,原来在此的梅石成为公署后花园的一景,因而又有梅花厅,匾题"梅石双清"。彼时芙蓉石旁的宋梅枝干茂密,据称花繁叶茂时冠盖可荫及三亩之地,被誉为"德寿梅"。[①]

明朝末年,有两位画家蓝瑛、孙杕来到德寿宫遗址,见古苔梅及芙蓉石,合作了一幅《梅石图》。

蓝瑛,字田叔,号蝶叟,其画山水取法宋元,自成一格,为浙派巨子,尤工画石。孙杕,字子周,号竹痴,工行草飞白,善竹石花卉。

二人合作《梅石图》之时,古苔梅已垂垂老矣,历经数百年沧桑,枝丫间已饱含风霜。幸有两位画家与梅石的相遇,留下人与梅石的印记。《梅石图》完成后,又照图刻了一块"梅石双清"石碑,立碑于此。

由此,杭州的这个地方便被人们叫作了"梅花碑",该地名一直沿用至今。

一转眼,时间到了清代,乾隆十六年(1751),芙蓉石前来了

---

① 姜青青:《龙飞凤舞到钱塘:南宋皇城寻踪》,杭州:杭州出版社2020年版,第309页。

一位尊贵的游客。

此人慕名而来,就为了寻访"梅石碑"。此时,古梅已经枯死多年,梅花碑也已断残扑地,唯有芙蓉石默然无语,静静伫立于旧地的杂草当中。

他手抚芙蓉石,徘徊良久,感慨系之,便赋诗一首。诗曰:"傍峰不见旧梅英,石道无情迹怆情。此日荒凉德寿月,只余碑版照蓝瑛。"

这位游客正是清高宗乾隆皇帝。此番他是头一遭下江南,听闻此处有南宋皇家留下的旧物,极好风雅的乾隆当然不会错过。

他在石头上抚摩赞叹,心下甚是喜欢。这番情形,早被随从看在眼里。等乾隆第二年回京不久,那个地方大员就把芙蓉石作为一件特殊的"贡品",用船径自运到了北京。

乾隆收到石头,大喜过望,大笔一挥,给这块石头赐了新的名字:"青莲朵。"御笔题下三字,命人刻于石上。

乾隆还为此石赋诗数首,以表达其激动喜悦之情。

据清代雍正《浙江通志》记载,当时这一块芙蓉石"出土高丈许,岩窦玲珑,苍润欲滴。篆曰'铁云'。"乾隆时《南巡盛典》中所绘"宗阳宫"一图,这块芙蓉石被称作"一丈峰"。按照杭州文史学者姜青青的说法,这块芙蓉石算上其基座,大致也只有一人高,远不及一丈(约3米)之高。①

"青莲朵"就此在北京安了家。乾隆将其安置在圆明园太虚室前,成为园中的"蒨园八景"之一。蒨园是清代的圆明园中的一个仿江南私家园林的园中之园。

乾隆三十年(1765),乾隆到杭州梅花碑故地重游,见那块"梅石碑"已经残破,碑身断裂,碑面字迹剥落,便命工匠重新摹制梅石碑。

他也发现了自己的一个错误,原本他根据《浙江通志》记载,以为碑上的梅石图是蓝瑛所绘,这时才发现原来碑上的湖石是蓝瑛的手笔,而古梅是孙杕的手笔。于是他命人依照断碑上蓝、孙二人的笔迹,重新刻了一块梅石碑,置于旧碑处。

两年后,乾隆又命人按照原碑再刻一座,置于圆明园的"青莲朵"旁。

世上多少苍茫事。

咸丰十年(1860年),英法联军攻占北京后纵火焚烧圆明园,大火三日不灭,圆明园及附近的清漪园、静明园、静宜园、畅春园及海淀镇均被烧成一片废墟,"青莲朵"和梅石碑未遭毁

---

① 姜青青:《龙飞凤舞到钱塘:南宋皇城寻踪》,杭州:杭州出版社2020年版,第309页。另据资料,该芙蓉石高145厘米,长228厘米,厚最大值123厘米,周长最大值572厘米;基座长222.5厘米,宽140厘米,高81.5厘米。

坏,幸免于难。

1914—1915年,时任民国北洋政府交通总长的朱启钤先生,在故宫旁的社稷坛建中山公园时,在圆明园的废墟中找到了梅石碑和"青莲朵",遂将梅石碑移至燕京大学,新中国成立后并入北大,一直在北大未名湖畔保存至今,被列为重点文物进行保护;"青莲朵"则移至中山公园,2013年5月,这块酷似花朵的大石头被迁至北京中国园林博物馆。

一块梅石碑,话分两头说。杭州的那块梅石碑,后来却不知所终。

杭州文史专家丁云川先生小时候,还在父亲带领下,在梅花碑看到过那块乾隆时期复刻的名碑。20世纪六七十年代,此碑被毁,遗迹全无。

1988年,杭州市政府在梅花碑旧址修建"梅石园",曾四处寻访原碑图样,希望能重刻旧碑,惜杳无音信,未能如愿。后来,只好请杭州画家张耕源根据蓝瑛的其他传世作品,创作了一幅新的梅石碑立于该地。梅石园中,苔梅新种,假山新叠,可惜,已无人可知原来的梅石碑是何般模样了。

1991年,丁云川到北京出差,无意间在北大未名湖畔发现了重刻的那块梅石碑。碑上梅花湖石、乾隆题字,都是原来见过的样子。他大喜过望。后经多方联系与努力,终于获得了海淀区文保所提供的一幅梅石碑拓本。2005年,西湖博物馆建

■（宋）佚名《十八学士图》（局部）

成,他将拓本捐献出来,并希望恢复梅石碑。2009年7月13日,根据拓本重刻的梅石碑,在南宋德寿宫的后苑旧址——佑圣观路梅石园中重现。此碑高179厘米,宽81.5厘米。一块碑石的传奇经历,就这样在不经意间,记录了人间800多年的沧桑往事。

现在的佑圣观路93号,还有一座"梅石园"面向市民免费开放。仲春的某个黄昏,我去梅石园探访梅石双清碑,小园不大,石碑沧桑,恰值满园梅花盛放,瓣瓣梅英飘落于假山流水之上,令人伫立久久,陶然忘机。

至此,"青莲朵"的故事并没有结束。

2022年3月,南宋德寿宫项目紧锣密鼓推进之时,关于德寿宫朝向望江路的宫门前小广场景观设计方案,做了十几轮修改而仍一直未能敲定。此地应该如何设置才能更好地展现南宋风貌,又能体现德寿宫的特色,还要适应当下民众的游览行走习惯,所有人都在开动脑筋。

在一次例会的讨论中,卓军提出一个大胆的想法——能不能把"青莲朵"复制过来?

"青莲朵"是德寿宫的旧物,也是跟德寿宫园林有关的、唯一流传有序、留存至今的完整器物——如果能让"青莲朵"在德寿宫展现出来,再续800年间的梅石前缘,岂非妙事一桩?

如今的"青莲朵"远在北京,是中国园林博物馆的镇馆宝物之一,要搬回来恐怕是不太可能了。但若是照此复制一件,能不能做到呢?

这块石头玲珑坳坎,孔洞穿插,褶皱横陈,无峰峦之形,而有团云涌雪之势。石的表面风化严重,有苍劲拙朴之感。也有多处剥蚀断裂,断裂处略有修补痕迹。乾隆年间的御题诗,现已涣漫,几无痕迹,唯左上侧乾隆御笔的"青莲朵"三字,仍清晰可见。

"青莲朵",这一朵石质的芙蓉花,哪里只是一块石头,它是一个坚硬的记忆体,储存着800多年历史信息的大型"U盘"。若有机会,像乾隆拷贝"梅石碑"一样,今人也拷贝一座"青莲朵"出来,让北京与杭州之间,再续一场梅石奇缘,将是历史上的佳话。

且留一个念想吧。

山 水 间

宋高宗无疑是喜欢石头的。在德寿宫遗址走一圈就会发现，这座园子里假山奇石可真不少，"青莲朵"不过是德寿宫里众多奇石里的一块。

作为精通书画的艺术家，宋高宗跟徽宗一样懂得园林的妙处，也明白石乃园林之骨。徽宗好天下奇石，也最痴迷太湖石。他画过一幅《祥龙石图》，图中所画即为一块太湖石。他在画上题字云：

祥龙石者，立于环碧池之南、芳洲桥之西，相对则胜瀛也。其势腾涌，若虬龙出为瑞应之状。奇容巧态，莫能具绝妙而言之也。乃亲绘缣素，聊以四韵纪之：

彼美蜿蜒势若龙，挺然为瑞独称雄。云凝好色来相借，水润清辉更不同。常带暝烟疑振鬣，每乘宵雨恐凌空。故凭彩笔亲摹写，融结功深未易穷。

署款"御制御画并书",押署标志性的"天下一人"。这幅画今藏于北京故宫博物院,可谓旷世名画了。还有一幅今藏于日本根津美术馆的《盆石有鸟图》,传为徽宗所作,画的也是太湖怪石。奇怪的石头在徽宗看来,是美的,是吉祥的征兆。

徽宗在汴京花费巨资建了一座园子,名"万岁山",也就是艮岳。这座园子"括天下之美,藏古今之胜",收藏着天下奇石,种植着奇花异草,养着奇珍异兽。

宋徽宗留下很多知名画作,《瑞鹤图》便是其中之一,20只仙鹤翩翩降临在宣德门上空。宋徽宗几乎是怀着恭敬、痴爱的心情画鹤的,在《瑞鹤图》中没有一只鹤的神态是重复的。他还画过《六鹤图》,鹤的六种姿态,像是科普图一般准确,又极尽优雅,成为后世画鹤的范本。

对于绘画,徽宗有自己的极致追求,便是要求精确。据说有一次,画院的画师们曾画孔雀荔枝图,宋徽宗一张张审阅后,当场指出:"孔雀上土堆,是先迈左脚而不是右脚。"

众人愕然,之后反复观察,发现徽宗说得没错。

徽宗之所以能把鹤画得栩栩如生、神态各异,主要得益于他长期对鹤细致入微的观察。他在艮岳养了很多鹤。当然,艮岳还养着很多珍奇动物。有个市井人物名薛翁,本以街头驯兽表演为生,毛遂自荐,成为艮岳的鸟兽管理员。某日,徽宗驾临动物园,薛翁上前施礼,并向动物们发出号令:"万岁山瑞禽迎

祥龍石者，立於環碧池之南，芙蓉唐之西，相對則勝瀛也。其勢騰湧若虬龍出，為瑞應之狀。奇容巧態，莫能具絕妙而言之也。飾繪縝素，聊以四韻紀之：

彼美蜿蜒勢若龍，挺然為瑞獨稱雄。雲凝好色來相借，水潤清輝更不同。常帶暝煙疑擢異，每乘宵雨恐凌空。故憑彩筆親模寫，融結功深未易窮。

御製御畫並書一

驾!"随着他一声长鸣,霎时间群鸟齐集,遮天蔽日,列队如仪做欢迎状。见此,徽宗不由龙颜大悦。

艮岳是世界上第一座由皇帝亲自画图设计、亲自指导施工的皇家园林,自政和七年(1117)开始建造,宣和四年(1122)完工,历时6年,可谓倾天下之力。这座艮岳,就是照着杭州的凤凰山来造的,也称"万岁山",因"山在国之艮位"、因居八卦之"艮"位,故名艮岳。这座山水宫苑,面积约750亩,主峰万岁山,周围达10余里,最高峰达90步,约45米。

为了造艮岳,宋徽宗搜罗奇石花木,特设专门机构"应奉局"于平江(今苏州),在太湖周围开挖太湖石,凡被选中的奇峰怪石、名花异卉,"皆越海、渡江、凿城郭而至",大运河上运送江南山石花木的船只络绎不绝。

这就是激起民愤的"花石纲",也是艮岳成为话题争议中心的关键之所在。

艮岳成园后仅4年,金人入侵,苑毁城陷。很多人认为北宋王朝的覆灭与这座艮岳相关,遂多有非议,久而久之,形成了一种颇为特殊的文化现象。元人郝经曾咏道:"万岁山来穷九州,汴堤犹有万人愁。中原自古多亡国,亡宋谁知是石头?"

宋室南渡之后,宋高宗在临安站稳了脚跟。徽宗的教训,他不会不吸取。退居德寿宫之初,园子规模不大,仅修了前苑的主殿区,还没有后苑。之后,宋孝宗为表孝敬,多次将德寿宫扩建,并广召能工巧匠,修成后苑。

德寿宫的后苑这一座小西湖,是整个宫殿设施的中心。湖面有10余亩。湖中有一座万岁桥,长约6丈,桥身全部用四川玉石砌成,桥的栏杆雕镂精细,光泽柔白。桥中心筑四面亭,亭是用朝鲜的白罗木盖成,典雅高洁。10余亩的湖面,都千叶白莲,荷花开时,清香阵阵。①

围绕着小西湖,分东、南、西、北四个区域,亭台楼榭错落有致,香远堂、清深堂、松菊三径、梅坡、月榭、芙蓉冈、浣溪等,并精巧布置四季花卉,分别用于赏月、踏雪、听雨、观云、望虹、探梅。

毕竟还是皇家园林,规模虽然无法与艮岳相比,但依然算得上宏伟。

"作为南宋早期的皇家园林,德寿宫在建造技巧以及构成上参照北宋时期的园林形式,可以说是对于北宋园林的继承及发展。"②

宋高宗自然也有着艺术家的超高审美水平。这座园林建造水平之高超、审美情趣之高雅,反映了园子主人的趣味。作

---

① (宋)周密:《武林旧事》,北京:中华书局2007年版,第205页。
② 陈丽娜、郑驰、江俊浩:《浅谈南宋德寿宫的园林景观要素》,《农业科技与信息(现代园林)》2012年第5期。

为皇家园林,德寿宫的造园艺术及审美也融入了文人的审美情趣。和皇城大内的园林相比,德寿宫中的园林景观营造,更趋向于文人写意的审美需求,这与当时整个社会的审美相统一。

南宋的临安,"一色楼台三十里,不知何处觅孤山"。这里的园林不仅数量多,而且质量有很大提高,这是继唐代全盛之后又一次新的跨越。

在南宋 100 多年里,杭州城新建的园林有 100 多处,杭州也成为当时最负盛名的园林城市。湖上的御园,南有聚景、真珠、南屏,北有集芳、延祥、玉壶;私家园林那就更多了。

事实上,这座城市以西湖为中心,本身就是一座大园林。德寿宫的园林景观,是把西湖自然山水"搬"进了后花园。这是为了让高宗不出门就能领略西湖之美而特意设计的。西湖的真山真水,成为南宋皇家园林景观设计的范本,在有限的空间里,园林艺术家们把真实天地间的山水景观做出一个"缩小版",摄之于"壶中天地",供人品赏玩味。

郑嘉励,浙江省文物考古研究所研究员,知名考古专家,既是工作需要也是出于个人爱好,他经常在西湖周边爬山。

"杭州的山,是宋代园林的师法造化的原型。为什么宋徽宗造艮岳时,要照搬凤凰山?凤凰山是一座相当高峻的石灰岩质的山峰,我们现在去爬凤凰山,只要看看,你就知道,美得不得了。圣果寺到排衙石的那些山，那片奇石，最美。到了南宋，宋高宗在德寿宫叠山，我们完全有理由相信，工匠是去飞来峰把山给'画'下来'叠'的，也就是说，杭州的山，奠定了中国传统园林叠山审美的基本范式。"①

无论是皇家园林、私家园林还是寺观园林，都已具备了中国古典园林的主要特点，即源于自然而高于自然，建筑物与自然山水完美融合，诗情画意融入园林，从而使园林能表"物外之情、言外之意"，蕴含着深邃的意境。

园林艺术从北宋初期继承唐代写实与写意并存的创作方法，经过百余年的发展，到南宋已经完全写意化，促进了以后写意山水园的大发展。②

欧洲人知道中国园林，可上溯到元代的马可·波罗。他在江南见过南宋建筑的园林，还描述过元大都的太液池。③

歌德在谈论中国园林时说："他们还有一个特点，人和大自然是生活在一起的，你经常听到金鱼在池子里跳跃，鸟儿在枝头歌唱不停，白天总是阳光灿烂，夜晚也是月白风清。月亮是经常谈到的，只是月亮不改变自然风景，它和太阳一样明亮。"④

---

① 《和最懂宋人的考古专家聊天，他总结出八句话——宋韵究竟是哪种韵》，《钱江晚报》2021年9月5日第4版。
② 郭黛姮：《南宋建筑史》，上海：上海古籍出版社2018年版，第15页。
③ 萧默：《建筑的意境》，北京：中华书局2014年版，第127页。
④ 萧默：《建筑的意境》，北京：中华书局2014年版，第129页。

中国园林在唐宋时传入朝鲜和日本,并对后者产生了直接影响。禅宗思想传入东瀛后,对日本的造园艺术有着很大的影响,促成了日本特色的"枯山水"园林和"茶庭"的产生。[①]

"枯山水"园林,可以说是一种大型的盆景,写意性极强,建造者多是禅僧,以较晚出的京都龙安寺石庭水平最高,相传建于 1450 年。"枯山水"的地面铺满白砂,表面耙成水纹状,象征浩瀚的大海;在白沙中布置精选的石头,象征大海中的孤岛。石头周围的白砂,就像水石相击产生的浪花。

现在,德寿宫南宋园林遗存,以及这片园林的数字化复原展示,让人充满期待。尽管其北面盛大的园林区域因客观原因尚未进行考古发掘,我们只能运用数字化手段,将古建与园林专家的所知"虚拟"出德寿宫的园林来,但至少,也能让人们的思绪进入这片皇家园林神游一番。

当我们在德寿宫遗址流连,面对一块假山遗迹、一座"青莲朵"太湖石、一块梅石双清碑时,也许可以短暂地进入一个深邃的历史时空,与 800 多年前的古人境界相通,神与物游。

此时,不由让人想起宋孝宗称赞德寿宫的一句诗:"壶中天地非人间。"

---

① 侯迺慧:《试论宋徽宗汴京艮岳的造园成就》,《中华学苑》1994 年 4 月刊。

闲 人 意

这座长方形的水池,吸引了众人的目光。它位于德寿宫的工字殿和凉棚之间,引水渠从中河引入水流,水花跌宕哗然汇聚入池,池中布设桩基,湖边叠设太湖石假山。假山四面,金鱼在水中游弋,清风从连廊下吹拂而过。

这座水池不是孤立存在的,它是德寿宫整座园林的一部分。叠山,理水,是中国造园的基本手法,水是德寿宫园林的灵气所在。

"你可以发现,甚至四面的建筑物都是以这个水池为中心而布置的。这里是一处小的园林组景,与之相对应,是北面尚未发掘出来的面积巨大的小西湖,那是一处大园林。两处园林营造手法基本一致。"

一小一大,一封闭一开敞,一规整一自然,这两处园林布景手法的对比非常有意思。

研究小组对于德寿宫的两处水景设置特别留意——北海公园里的静心斋,就与德寿宫很类似,前有一个方形的小水池,后有一个曲线形的大水池。而杭州西湖里的郭庄则刚好相反,前有一个曲线形的小水池,后有一个方形的大水池。

如果对水池有更多探索的兴趣,还可以去看看宋代的水池——净慈寺内的"万工池"。净慈寺为吴越王钱弘俶时建,在北宋时期有大佛殿、罗汉院、石塔、楼阁等建筑。苏轼曾有诗云:"卧闻禅老入南山,净扫清风五百间。"诗文之序中,苏轼还谈到所见净慈寺的境况:"仆去杭五年……闻湖上僧舍不复往日繁丽,独净慈本长老学者益盛。"可见寺院曾达到"五百间"的盛大规模。

宋建炎之前,净慈寺屡遭破坏,曾毁为荆墟,到了淳熙年间,有懂风水术士的人说,须凿水池以消灾。于是寺僧募捐化缘,开凿一座水池,参与募捐者多达万人,所以称为"万工池"。在绍定四年(1231),又于佛殿前凿双井。元明清各代,净慈寺多次毁坏重建,仅有万工池与双井,作为宋代遗物,一直留存至今,成为该寺悠久历史的见证。

德寿宫遗址内的建筑与园林,体现了南宋王朝园林艺术的高度。它是一座历史的博物馆,也是一座艺术的高峰。

德寿宫后苑的山水园林,是中国造园艺术的代表作。它对于小西湖、飞来峰的仿写,在中国造园艺术中有着重要的意义。

杭州城郊的灵隐寺飞来峰,因峰石林立、洞壑万千而声名在外。白居易曾说，"东南山水，余杭郡为最；就郡言，灵隐寺为尤；由寺观，冷泉亭为甲"。白居易这样推崇飞来峰、冷泉亭并不是孤例，后世许多文人一再赞美灵隐飞来峰，赞其为"东南第一山水""西湖第一山林"。

如明代文人袁宏道称，"湖上诸峰，当以飞来为第一"；明末清初文人邵长蘅也指出："武林诸山，以峰名者百数，飞来峰最奇，缘趾至颠，皆石也。峰之奇，以石，以岩洞。"

这样的山林，成为文人墨客隐逸追求的所在，白居易常到飞来峰，"在郡六百日，入山十二回"，苏东坡也是这里的常客，"我在钱塘六百日，山中暂来不暖席。今君欲作灵隐居，葛衣草屦随僧蔬"。

相较于明清私园的叠山，宋人似乎更欣赏土山上兀立的石骨，就像杭州的吴山十二峰、凤凰山月岩。飞来峰就是在灵隐山环抱中露出石骨的孤峰，宋代皇帝从各地收集花石纲，应该就是用来形成一处处山石组景。

这样一座飞来峰，能搬进德寿宫，自是宋高宗赵构乐意看到的。作为艺术家的赵构，在他退隐之后，自然希望能尽享山林之乐。"境趣自超尘世外，何须方士觅蓬瀛。"每天生活在这样的地方，难怪赵构能长寿呢。

周维权指出，"宋代皇家园林比起中国历史上任何一个朝

■ 德寿宫后苑飞来峰、冷泉堂复原图（浙江省古建筑设计研究院复原图）

代都少了皇家气派,而更多接近民间私家园林"①,这种现象在南宋更为明显。南宋是中国园林叠石为山的手法产生、发展的关键时期,而对灵隐飞来峰的仿写,对促进中国造园艺术的成熟,具有十分深远的意义。②

在园子里,还有一座聚远楼,位于冷泉的西侧,是整个后苑园林的制高点。

这座楼阁的形象,可参考南宋画家赵伯骕的《五云楼阁图》,这是一座重檐十字脊、歇山顶的高楼,气派非常,构成整座园林的制高观赏点。

"楼阁建筑为宋代建筑中极具诗情画意的一类,不仅常常出现在宋画之中,而且楼、阁二字,以及与之密切相关的'阑干'(即栏杆)一词,也于宋词中频频出没。登楼、倚栏、远眺,简直成为每一个宋代大词人的标准创作姿态。若说楼阁乃宋代文人最爱的建筑类型,恐怕不算过分。"③

《梦粱录》中记载:"其宫中有森然楼阁,匾曰聚远,屏风大书苏东坡诗,赖有高楼能聚远,一时收拾与闲人。"

苏东坡写作这首诗时,是在北宋熙宁七年(1074),苏轼自

① 周维权:《中国古典园林史》(第3版),北京:清华大学出版社1999年版,第203页。
② 鲍沁星:《从杭州西湖第一山林"风景"欣赏到南宋临安皇家"园林"的叠山写仿——灵隐飞来峰风景园林文化遗产价值考》,《中国园林》2012年8期。
③ 王南:《营造天书》,北京:新星出版社2016年版,第73页。

常州放赈毕,经宜兴访单锡。单锡,字君贶,嘉祐二年与苏轼同榜进士。苏轼当时写了三首诗,其中之一写道:

> 云山烟水苦难亲,
> 野草幽花各自春。
> 赖有高楼能聚远,
> 一时收拾与闲人。

苏轼的诗文中常见"闲"字,最为著名的一句是,"江山风月,本无常主,闲者便是主人。"

高宗退居德寿宫,一座后苑园林,可谓是他对自己退休生涯的寄望与理想的体现。"命运"一词用在他身上再合适不过。如果不是时势的阴差阳错,他绝无可能当上皇帝。当上皇帝之后,他又一直处于颠沛流离、担惊受怕之中。可以说,金兵来犯成为悬在他头上的达摩克利斯之剑。面对金军的虎视眈眈,他明哲保身、委曲求全,成为不二的人生信条。其实他也何尝不想收复中原,只是瞻前顾后、患得患失。有一天终于可以安全地卸下肩上重担,把天下交到儿辈手中,真有如释重负之感。此时的他,大概还会为自己这一生的不易庆幸不已。

"终于可以睡个安稳觉了。"他想。

他觉得自己终于可以闲下来了。江山风月,本无常主,闲

吟徵調蒿窻下桐
松間疑有入松風
仰窺低審含情客
以聽無絃一字中
　　　　　臣京謹題

聽琴圖

（北宋）赵佶《听琴图》

者便是主人。

他想要做个闲人，像个真正的艺术家那样生活。

尽管很多时候他还放心不下。孝宗是有抱负的，高宗怕他跟金人产生什么摩擦以至于大动干戈，所以时时告诫，常常敲打，要他千万不可轻举妄动——即便自诩为闲人，其实哪里又能真正做到呢？——他终究是，放不下自己的江山呀，哪怕只是半座残山剩水。

<h1 style="text-align:center">梅 花 引</h1>

高宗喜欢园林,喜欢自然——这可能与他身为一个艺术家有关。

在德寿宫的工字殿组群中,都是由多个时期的遗迹所叠压的。特别是中路的工字殿,孝宗时期的柱顶石、磉墩等房屋遗迹,与高宗时期的道路、庭院铺装遗迹上下叠压在一起。而西路的工字殿,同样也是后期的房屋叠压着早期庭院铺装。很明显的是,能看出两个时期的遗迹,有一条重合的中轴线。

通过比较两个时期的建筑遗迹,也许能够看出高宗时期的德寿宫,有着更多的庭院;而孝宗时期,则把庭院改建成了更多的房屋。

这是不是暗示着,作为艺术家的高宗,隐于德寿宫时,可能更多的有一种亲近自然、归于山林、寻求宁静的内心状态?

也许,正是在亲近自然的过程中,他能汲取艺术创作的灵感。

对于自然的喜爱,高宗是发自内心的。

历史文献里,频频提及德寿宫的花事——乾道三年(1167)三月初十日,孝宗派人到德寿宫约高宗,说过两天一道出去看花。高宗说,出去太麻烦了,"本宫后园,亦有几株好花,不如明天请官家过来看看。"那时后苑还没有开凿大池为小西湖,也没有飞来峰和冷泉堂;只有清妍亭,看荼蘼,登御舟绕堤闲游,亦有小舟数十只;也有静乐堂,可以观赏牡丹。

淳熙五年(1178)二月初一日,孝宗到德寿宫来看望太上皇高宗,太上留坐后苑冷泉堂,然后一起到石桥亭子上看古梅。太上对于古梅的品种如数家珍——"苔梅有二种,一种宜兴张公洞者,苔藓甚厚,花极香;一种出越上,苔如绿丝,长尺余。"两种梅花同时开放,煞是好看。

德寿宫内的奇花异草很多,有人根据文献记载中的植物情况,来分析后苑园林里的建筑与景点分布。"文杏馆是赏牡丹之所,同位于西部的静乐堂也是为赏牡丹而建,因此这两者在一处的可能性较大。载忻堂(灵芝殿)周边有木犀(桂花),同为赏桂的清旷堂、清新堂可能与之贴临或相距不远。同理,还有赏荷的射厅与临赋亭,赏梅的香远堂与梅坡,赏松的清华堂与松菊三径。"①

江南的植物资源、气候条件和栽培养护技术,使得德寿宫

---

① 江俊浩、蒋静静、陈敏、陈丽娜:《南宋德寿宫遗址后苑园林景观意象探讨》,《浙江理工大学学报(社会科学版)》2016年第2期。

内的植物品种丰富多样。有"苔藓甚厚"与"苔如绿丝"之分的苔梅,更有"五花同干"的荷花,还呈现出明显的四季变化与季节过渡。其中,东部以秋季开花的芙蓉为主,再以荼蘼、菊花、桂花作为过渡性的花卉;西部则以春季开花的文杏、牡丹、海棠等植物为主;南部则主要是夏季开花的植物;北部是以冬季植物为主。①

高宗也热衷于搜寻奇花异木,并乐在其中。有一次,他在聚景园中看到一棵盘松,非常漂亮,就移栽到了自己的德寿宫来。为此,他动手写了一篇文章:"天赐瑞木,得自嶔岑。枝蟠数万,干不倍寻。怒腾云势,静奏琴音。凌寒郁茂,当暑阴森。封以腴壤,迩以碧寻。越千万年,以慰我心。"

这棵盘松秀丽异常,树干的长度不超过60厘米,虽然看着不高,但是树枝一泻千里,分生出非常多的树枝,树枝上布满密密麻麻的针叶。

这是淳熙五年(1178)的事。奇松移植成活,高宗雅兴大起,还让具阶张宗尹设牲牢旨酒、珍果香花,来祭拜土地神。祭拜的目的,是请求土地神让这棵奇松"历千万年,郁郁葱葱"。②

---

① 江俊浩、蒋静静、陈敏、陈丽娜:《南宋德寿宫遗址后苑园林景观意象探讨》,《浙江理工大学学报(社会科学版)》2016年第2期。
② (明)田汝成:《西湖游览志》卷十四《南山分脉城内胜迹》。

■（宋）佚名《盥手观花图》

在高宗与孝宗的时代,中国园林艺术到了一个相当的高度,园林之中植物花卉的运用也极为讲究。据1995年杭州园林文物管理局新编的《西湖志》载:"南宋,行都赏梅之处有钱王宫梅岗亭之千树梅花;孤山之阴,缭岁寒亭皆古梅;皇宫御园内梅堂苔梅;张功甫梅圃玉照堂观千叶缃梅;西泠桥有红白梅花五百株,均赏梅佳处。"

同样是梅花,在南宋时,有了中国乃至世界上的第一部梅花专著,即范成大的《范村梅谱》;而张功甫的《玉照堂梅品》,则是一幅南宋上层官僚赏梅的详细画卷,其风雅似晚明清言小品,但又具有浓重的贵族奢华气息;还有宋伯仁的《梅花喜神谱》,则是中国第一部专门描绘梅花的木刻画谱,刻画出了梅花俯仰、分合、舒卷的种种情态。

对于德寿宫后苑园林,尽管无法在实体空间里呈现出来,但复原研究小组依旧搜查文献、遍查典籍,希望能把一个花木繁盛、四时盛景的"壶中天地"还原出来;同时,又借助数字化复原团队的技术手段,构建出一个"看得见"的园林空间来。

因此,即便是一石一木、一径一花,都要精心考据、细细推敲;园林中的亭子,亭子上的檐角,檐角下的长条隔扇窗子,窗子前的卷帘,卷帘下的几案,都要一一布设。

也就是在这样的布设之时,石桥亭子边的古苔梅,一枝一枝地绽放起来。

金 银 鱼

德寿宫内还有一座专门饲养金鱼的池子——泻碧,《玉堂杂记》及《武林旧事》均有记载:"泻碧——养金鱼处。"

《梦粱录》卷八记载,德寿宫"金鱼池匾曰泻碧"。

南宋就有金鱼了吗?很多人会感到吃惊。其实早在吴越时期,杭州就有金鱼了,最开始的名字并不叫金鱼,而是一种金鲫,全身赤色,被称为火鱼。当时,杭州六和塔开化寺、南屏山下净慈寺的池中,朝野上下官员都在池中放生,有钱人不惜重金去山间池塘寻来一种罕见的鲫鱼,物以稀为贵,当时人们都认为它们很神秘,所以就把鲫鱼作为放生的主要对象。池内的鲫鱼相互杂交,最初的金鱼就这样诞生了。①

吴越国的刺史丁延赞,可能是历史上最早人工养殖观赏金鱼的人。丁延赞是在宋初开宝年间(968—976),任秀州(今嘉兴)刺史,在嘉兴发现金鲫鱼。由此可见,彼时嘉兴就有金鱼了。不过,养金鱼最有名的还属宋高宗赵构。

①《我在植物园养金鱼》,《都市快报》2021年10月6日。

有人认为，从鲫鱼到金鱼的变化，并不仅仅反映了南宋时期民众经济条件的富裕，其内核是中国艺术思想的一个大的变化，这个变化影响到了鲫鱼——正是因为宋代园林的发展，追求自然山水的野趣，遂在园中凿池注水，借水成景，于是从自然界中偶然得之的色彩奇异的鲫鱼，在那个时代离开了放生池，游进了花园，也因此才有条件形成杂交，产生了美丽的金鱼。

《咸淳临安志》载，淳熙十三年（1186）六月，"奉德寿宫命捕金银鱼"。高宗派人去距杭州百余公里的昌化山中捕捉金银鱼，来充实他的金鱼池。

高宗在德寿宫里养金鱼，由此宫廷内外，家养金鱼成为时尚，文人士大夫也相继凿池饲养，从此诞生了专门养鱼的技术人员。他们掌握了池塘饲养繁殖金银鱼的技术，知道用污水中名叫金虾儿的小红虫来喂养金鱼，还在神圣诞辰选择金鱼来献神。

宋人吴自牧著《梦粱录》里写："金鱼有银白、玳瑁色者……今钱塘门外多畜养之，入城货卖，名鱼儿活。豪贵府第宅舍，沼池畜之。"[1]

杭州玉泉的金鱼，现在很有名，是从宋代开始风靡起来的。那里以前是座寺庙，初建于吴越天福三年（938），称为玉泉

---

[1]（宋）吴自牧：《梦粱录》卷十八《虫鱼之品》。

寺。当时玉泉池中就蓄养了五色鱼,"数百尾,泳其中,空明可鉴毛发"。泉水清澈得连鱼儿的鱼鳞都能看得清清楚楚。宋朝有个叫徐集孙的人,还写过一首诗《玉泉观金鱼》,其中有句曰,"石沼凿琼瑶,金鳞数百条。年深须变化,泉洁自逍遥……"

成书于1214年的《桯史》,由岳飞之孙岳珂所著,其中也记载了当时池养金鱼的事。"今中都有蓄鱼者,能变鱼以金色,鲫为上,鲤次之。贵游多凿石为池,置之檐溜间,以供玩。问其术,秘不肯言,或云以阛市浯渠之小红虫饲,凡鱼百日皆然。初白如银,次渐黄,久则金矣,未暇验其信否也。又别有雪质而黑章,得跞若漆,曰玳瑁鱼,文采尤可观。逆曦之归蜀,汲湖水浮载,凡三巨艘以从,诡状瑰丽,不止二种。惟杭人能饵蓄之,亦挟以自随。"

第五章

温润如玉

德寿宫的瓷片

你最美的事，是成为目标

成为分水岭

区分沉默和话语①

——［叙利亚］阿多尼斯

---

① ［叙利亚］阿多尼斯：《时光的皱纹》，薛庆国译，南京：译林出版社2017
年版，第45页。

残　片

杭州市文物考古研究所的库房有好几处,位于京杭大运河边的刀剪剑博物馆,有一处大空间,专门用作考古出土器物标本的存放和整理。我在邓禾颖老师带领下,第一次走进这个空间时大吃了一惊。数百平方米的空间里,分门别类地摆放着考古发掘出来的各种器物——除了瓦当、滴水、塔砖等少部分建筑构件,最多的就是瓷片。一筐一筐,一堆一堆,一片一片,琳琅满目,铺满了整个场地。

邓禾颖,杭州南宋官窑博物馆原馆长,文博研究馆员,中国古陶瓷学会理事。我之前跟邓老师联系,希望她带我去看看德寿宫出土的瓷器。她是古陶瓷方面的专家,在我开始采访她之前,还特意买来她的著作《南宋陶瓷史》深入学习过。

但邓老师很谦虚,她说,她对于德寿宫出土的陶瓷器了解还不深入,需要先去研究一下。不久,她回复我联系好了,"我们直接过去看东西吧"。

这是8月底的一天。在考古所库房接待我们的是考古所副研究员杨曦,还有两三位年轻人。杨老师文文静静,说话轻声细语。她毕业于四川大学考古专业,2012年入职杭州市文物考古研究所,先后主持了杭州吉如遗址、杭州南高峰塔遗址、杭州西穆坞墓地、杭州八卦墩墓地、萧山湖山墓地等项目的考古发掘以及临安洞霄宫遗址的考古调查。2017年主持发掘南高峰塔遗址,荣获当年度的浙江考古重要发现。

当我们步入这个装满了考古标本的空间时,我立刻觉察到了一种奇异的氛围,外面热浪汹涌,像被阻隔在另一个世界。似乎一种有分量的东西加载到了这个空间里:这里阴凉,昏暗,气氛仿佛凝结。地上那些残片,大部分的瓷片还不到巴掌大小,它们可能来自几百年前某一件被使用过的器物。但是我几乎看不出它原先完整时是怎么样的形态。随着世事的变迁、时光的流逝,器物破碎了,只留下这些碎片埋藏于泥土深处。如果不是某一次意外的发现,它们可能还会继续在黑暗中沉睡。

这些残片,每一片都被细心地装在透明塑料袋里,并且每一片都记载着一些信息——如"2011MDR""GJCT1024"——这是一些代号,考古人员能识别出来。为了看清那些瓷片,他们特意搬来几盏落地台灯。库房里这么多的器物,要全部整理出来,无疑是一项极其浩大的工程。

因为那些残片,至少有几十万片。

龙泉窑青釉铺首鬲式炉

龙泉窑梅子青釉荷叶口花盆

龙泉窑青釉束口盏

耀州窑青釉莲瓣纹碗

龙泉窑青釉长颈瓶

■ 德寿宫出土的代表性瓷器

很可惜，德寿宫出土的瓷片中，来自官窑的东西很少。

其实德寿宫遗址那一块地方，在几次发掘中出土的器物，以瓷器残片为主，至少有几十万片。德寿宫遗址的这些残片分布在不同的地层中。不同的地层代表着不同的时代。随着城市建设的变迁，一个年代覆盖一个年代，最终层层累积起来。在这个遗址区域内，什么地层出土的东西，就携带着那个地层所代表的时代信息。

这些瓷器残片时代跨度很长，上至五代时期，下至明清时期都有，以宋元时期器物居多。南北窑口均有，产品粗精不一。

德寿宫遗址出土的瓷器，大致可以分为四期：

第一期，是前德寿宫时期，出土器物均为越窑系器物。器型有碗、盘、盏托、壶等。

第二期，是南宋中期至南宋晚期，也就是德寿宫和重华宫时期，主要有龙泉窑系、景德镇窑系、建窑系和定窑系器物，这一时期的主要器型有碗、盘、罐、盏、盒、瓶、炉、洗（盛水洗笔的器皿）等，器型相当丰富。

第三期，是宋末元初至明初，也就是道宫时期，这一时期出土器物最多，以龙泉窑系为大宗，大抵即相同于其盛行年代。此外还有景德镇窑系、钧窑系、磁州窑系及小部分青花瓷，器型主要有碗、盘、盏、洗等，窑口复杂，但是器型较单一。

第四期，明清时期，主要就是青花瓷，器型大多为日用饮食器皿。①

在这几十万片瓷器残片中,来自南宋官窑的器物,则极为罕见。

这又是为何呢?

为什么作为"北内"的德寿宫,来自官窑的瓷器那么少呢?

"在德寿宫遗址出土的东西,官窑的几乎看不到,这非常令人遗憾。"邓禾颖长期任职于南宋官窑博物馆,对于官窑的器物非常熟悉。

南宋官窑,又有着怎样的故事? 邓老师向我讲述了官窑的来龙去脉。

青瓷是中国瓷器的发端。在大约公元200年,原始青瓷率先在浙江上虞一带烧造成功,完成由陶到瓷的飞跃。从东汉晚期青瓷文化曙光初现,到唐宋时期,青瓷工艺逐渐达到炉火纯青的境界。

唐五代时,越窑青瓷中的精品被称作"秘色瓷",有千峰翠色的美誉,成为进贡给皇家使用的贡瓷。

真正意义上的官窑,是从宋徽宗时代开始的。宋徽宗在京师"自置窑烧造",人们习惯称之为"北宋官窑",也就是说,从这时候开始,皇家专门设立了官窑,烧造供皇宫内使用的青瓷。

北宋灭亡后,宋室南迁,南宋建立之初,由于宫廷的礼器法

① 陈扬:《宋德寿宫遗址出土瓷器研究》,南开大学硕士学位论文,2007年。

物及日常用器都被金人掠去，一路颠沛流离也不方便带太多东西。等到政局相对稳定，南宋王室在京都临安重设官窑，以满足祭祀及日常生活所需。

"中兴渡江，有邵成章提举后苑，号邵局，袭故京遗制，置窑于修内司，造青器，名内窑，澄泥为范，极其精致，釉色莹彻，为世所珍。后郊坛下别立新窑，比旧窑大不侔矣。"①

南宋官窑的发现，是从郊坛下开始的。郊坛下遗址，位于乌龟山西麓。1930年2月，日本人小笠原彰首先发现的郊坛下官窑，引起国内外学者的重视，此后，中外陶瓷学者纷纷前往窑址调查或采集标本。

1956年，浙江省文管委首次进行局部发掘，清理了一座龙窑窑炉。

1985年10月至1986年1月，由中国社科院考古研究所、浙江省文物考古研究所、杭州市文物管理委员会办公室联合组成的临安城考古队，对窑址进行全面考古发掘。这个窑址，先后出土了3万余件瓷器碎片及大量窑具、工具等遗物。由于此窑遭到严重破坏，出土瓷器几乎没有可完整拼接的器物。出土的窑具中，有一块垫饼上刻有"大宋国物"四字，这是郊坛下官窑遗址真实性的有力物证。

---

① (元)陶宗仪：《南宋辍耕录》卷二九。其中"邵成章提举后苑，号邵局"系作者误记，邵成章乃北宋末期的内侍，此时已死。应为邵谔主修礼乐器，谓之邵局。

相比之下,修内司官窑的发现,就要晚得多了。1996年9月,因洪水冲涮,在杭州凤凰山和九华山之间的一条长约700米的狭长溪沟内,发现大量青瓷残片和窑具,瓷片特征与南宋官窑的青瓷片类似。

1998年5月至12月,1999年10月至2001年3月,杭州市文物考古所又对窑址进行了两次较大规模的考古发掘。在南宋地层中,发现窑炉两座、素烧炉及作坊等,出土大量的南宋官窑瓷片、素烧坯及各类支垫烧窑具、匣钵片等遗物。这个所在地俗称"老虎洞",该窑址被称为"老虎洞窑址"。

2001年,老虎洞窑址的发现被评为当年的全国十大考古新发现之一。专家论证,这里就是"修内司官窑"。

现在关于官窑的认识,还是留下不少疑问,比如有学者认为,郊坛下官窑在南宋,是"置窑于修内司"之后若干年,另外设的第二个官窑。

现在,郊坛下官窑的存在是绝对没有疑义的,问题是第一个窑"修内司官窑"到底在哪里,第二个官窑"郊坛下官窑"是不是也归"修内司"管辖?如果说,新建了一个窑,结果"比旧窑大不侔矣",那么新建窑址的意义又在哪里呢?另外,传世的南宋官窑器物,并没有一个明确的分法,如何确定是修内司官窑的东西,还是郊坛下官窑的东西呢?

总之,关于南宋官窑,还有很多未解之谜留待人们去探寻。

景德镇窑青白釉狮形瓷塑

景德镇窑青白釉兔形瓷塑

■ 德寿宫出土的代表性瓷器(二)

玉　色

"南宋官窑的瓷器,太美了。"

面对一堆的出土瓷片,邓禾颖老师给我指出南宋官窑的特点,"这样的开片,这样的薄胎厚釉,都是非常典型的特征"。

从某种意义上说,南宋官窑瓷器代表了宋代瓷器生产工艺的最高水平。

也的确如此。在中国制瓷历史上,有许多青瓷珍品,如越窑秘色瓷、汝官窑瓷器、南宋官窑瓷器等,但只有南宋官窑瓷器是真正的皇家御用瓷。

南宋官窑的瓷器,美在何处?

邓老师说:"南宋官窑的器物,主要是欣赏它的造型与釉色,极少雕琢。"她说,南宋官窑追求静穆幽雅、柔和晶润的气氛和意境。器物的线条,既柔和又流畅,既刚劲又明快,造型比例非常和谐;器物的釉色,一眼望去,像玉一样的温润典雅。这种美学思想,为中国陶瓷的发展作出非常大的贡献。

南宋官窑的器物,无一例外,都在追求一种端庄、凝重、典雅之美。宋代的瓷器审美，由繁华归于沉静。它的造型不繁复，古朴典雅，端庄大方。它的釉色也是单色釉，丰厚温润，莹澈如玉。这跟当时以皇帝为代表的士大夫阶层的审美水平是紧密相关的。宋代的美学高度，非一般人所能企及。士大夫雅集高会，烧香点茶，抚琴插花，吟词作画。有人说，宋朝的风雅，正是在宋词、宋画、宋瓷之中得以保存至今。

正因美学的水平极高，使得南宋官窑的青瓷，看起来简单，背后却需要极高的美学沉淀，它追求的是极简、沉寂、幽玄、寂静之美。

它的釉色，类似玉质般的粉青、灰青等色泽。尤其在中后期，薄胎厚釉，多次素烧上釉，这是南宋官窑瓷器生产中的一道特殊工序。一层层上釉之后烧制，从而形成厚釉如玉的效果。

中国艺术发展到宋代，是十分推崇"清"的境界的。徐复观在《中国艺术精神》中指出，"清"的艺术，来自"清"的心灵，"由心灵之清而把握到自然世界的清，这便形成他作品之清。"宇宙和自然界是在一定秩序内运行的，只有"清"的心灵才能把握。[1]

宋代的诗词，也以清空、平淡为美。宋代的山水画，墨色取代丹青，成为主要的表达手段。

---

[1] 吴洋洋：《宋代士民的"花生活"》，北京：中国社会科学出版社2019年版，第47页。

高丽青瓷刻花云龙纹鼓墩残件

陶狮构件

龙泉窑青釉六方七管占景盆

陶围棋子

玻 璃

■ 德寿宫出土的代表性器物

同样,宋代的陶瓷,也偏爱天青、月白等素雅洁净的颜色。

在不同的艺术形式中,创作者们不约而同地舍弃了华丽,选择了平淡,来表现生命的丰腴。"清"不是枯竭寡淡,而是一种高洁的审美状态;"清"也并不是对世俗人生、日常生活的否定,而是超越。这与宋人的生活理想、人格追求、艺术标准是同源的。

另外,南宋官窑的瓷器,釉面上绝大部分都有疏密不一的开片纹路。这种本来是工艺缺陷导致的瑕疵,由器物表面的釉层与胎的膨胀系数不一致形成的。出炉后的器物遇冷空气,釉面开片,出现裂纹。后来这种裂纹反而成为一种极为独特的美,成为南宋官窑作品的重要特征,为后世所追慕与模仿。

一次次地上釉,一次次的烧造,每上釉和烧制一次,就会出现一批残次品,经历一批又一批的淘汰,最后能留下来的珍品自然极其少见。

正因为是皇家御用瓷器,所以在烧造过程中,不惜工本。那些做坏了的、留下瑕疵的器物怎么办呢?因为官窑的身份,它们也无法流入民间,只能全部砸毁,这也使得南宋官窑瓷器存世量极少。

而今,我们在位于郊坛下遗址的南宋官窑博物馆里,还能看到许多穿越时光来到我们面前的器物。碗、盘、杯、盏、碟、盒、钵、炉、觚、尊、瓶、壶、罐、器盖、花口壶、三足盘、琮氏瓶、贯耳瓶、玉壶春、香熏、鸟食罐——那些从无数的残片重新修补、复原起来的器物,一件一件安静地陈列在展台上,仿佛都在诉说着逝去时光里的故事。

修　旧

　　尽管很多瓷器已经破碎，但不得不说，这些来自几百上千年前的器物，哪怕已经粉身碎骨，依然携带着历史的信息。每一块瓷片都是拼图的小小一角。当它与其他碎片一起拼合、修复成最初的形态时，一个美好的时刻，重回当下人的眼前。

　　德寿宫遗址上，有哪些瓷器将被陈列在展台上，它们各自有着怎样的故事呢？

　　这是一双灵巧的手——它将把那些在岁月里破损的瓷器碎片，以某种恰当的方式修复起来：分崩离析的碎片重新回到一起，裂纹将被弥合，表面的釉质重新覆盖，缺损的地方（那是一个只能依靠图文资料与经验在想象中勾勒的空白之处）也将被妥帖地填写起来，虚空的器物将重新回到完好无损的模样，如同时光倒流。

　　这是一堆碎片——它们同属德寿宫遗址出土的一件器物，南宋龙泉窑粉青釉刻莲瓣纹碗。你很难想象这些碎片居然本来是来自同一件器物。碎成这样的一个碗，来自800多年前的一个用具，在粉身碎骨几百年后，居然还有机会回到一起，紧紧相依,仿佛回到炉火熊熊的一刻,甚至回到炉火点燃之前,那时候,它们还是来自同一块泥巴。

修复这碗的年轻学员,是浙江艺术职业学院的学生杨紫怡。

一个偶然的机缘,她有机会走进杭州市文物考古研究所来学习文物修复。这次学习历时一个月,要学的内容真不少:考古实践、修复理论学习、窑址现场研学、修复实践,等等。负责指导他们的,是古陶瓷修复大师郑卫国。

古陶瓷修复技艺,其实是中国古老的一项传统技艺。《景德镇陶录》中就记载了景德镇陶工黏合碗盏的方法。"黏碗盏法,用未蒸熟面筋入筛,净细石灰少许,杵数百下,忽化开入水,以之黏定缚牢,阴干。自不脱,胜于钉钳。但不可水内久浸。又凡瓷器破损,或用糯米粥和鸡子清,研极胶黏,入粉少许,再研,以黏瓷损处。"这也许,是最早关于陶瓷修复的记载。

现在的陶瓷修复,主要有考古修复、博物馆展览修复、商业修复这三种类型。考古修复和博物馆展览修复,都要还原陶瓷器原来的样子,修旧如旧,修复过程中也不能损失部件。而商业修复则没有一个特定的标准,如修复水平不到,则不利于展览和交易,如修"过"了,则很容易修旧如新,造成文物破坏。

那次的瓷器修复学习班,是为德寿宫遗址公园暨南宋博物馆(筹)建设、展陈工作需要而开设,学员们跟随老师一起,修复了45件文物标本。这些文物,都是各个考古工地发掘出来的,主要以德寿宫遗址、密渡桥工地出土的居多。

郑卫国亲手修复的,就是南宋龙泉窑粉青釉净瓶、南宋龙泉窑粉青釉凤耳瓶、南宋龙泉窑青釉花觚等器物,这些都是以前被选到德寿宫,作为南宋皇家祭祀等用途的瓷器。

当修复完成的南宋龙泉窑粉青釉净瓶摆在我们面前时,我们认认真真、细细致致从上到下观察了一遍,也没有看出哪些部位是"修"上去的。

但是当我们看到修复前的图片时,方才恍然大悟——这件净瓶,因其外形像个"吉"字,常被称为"吉字瓶",出土之时,吉字瓶的整个"颈部"已缺失。郑卫国老师根据许多历史资料,把上部残缺的部分"补齐"了。

再如南宋龙泉窑粉青釉凤耳瓶,整个瓶子就是一堆碎片。

修复这些瓷器的第一个步骤是清理,其次是拼合,再是补缺、打磨、上色。

补缺,是利用树脂、石膏等材料补全残缺的部分。打磨,是让拼合自然和谐,要极其耐心,反复打磨,摸到用手抚摸天衣无缝为止。最后是上色,让瓷器恢复原本纯洁的颜色。这是最难也是最关键的一步,因为要跟原来的器物一致,要让补上色的地方与原器物瓷片色泽一致,肉眼完全看不出来。

为了追求完美,郑卫国老师在不断修复中摸索,最终研究合成出了一种新的高端材料,使修复后的古瓷的釉接近原瓷釉

■ 人物纹香糕砖

的硬度。

"这就是属于机密的部分了。"

郑卫国出生在浙江龙泉,当年他是"半路出家",到各地交流学习古瓷修复技艺,夜以继日地学习和钻研,掌握着古瓷修复技艺的很多"独门绝技"。十多年来,他经手修复的瓷器已达上万件。

这样的瓷器修复学习班,既是为德寿宫项目的展陈工作准备展品,更重要的,其实也是在有意识地培养这方面的接班人。参与学习的学员们,很多都是文物相关专业的大学生,这样一次千载难逢的机会,或许将成为他们人生中与文物修复结缘的重要契机。

中国美术学院研究生黄粒粒,在这次学习中修复了一件南宋龙泉窑粉青釉六方七管占景盆。占景盆,也就是花瓶。这是一件南宋时期的花瓶,器型原创于五代至北宋时期,在《清异录》中就有相关的记载。拿到这件东西时,器物上的7根筒管已全部缺失,这也意味着修复者失去了可供翻模的原件。

怎么追溯器物原貌,需要寻找文献资料,同时结合器物本身缺失痕迹的大小来判断。最终,她确定了筒管的高度:低于口沿3毫米,误差1毫米,中心筒管应略粗于周围6根筒管。

有意思的是,这件南宋时的花器,还有着极灵动的巧思,即这些筒管的下部,还有一个镂空,使得管内与占景盆的水可以相通。这样插花的时候,就能让花枝汲取到水分了。

风　范

　　有一次,我专门跑到临安的天目窑考古工地,采访杭州市文物考古研究所原所长、研究馆员唐俊杰老师。讲到南宋的瓷器,他开口即说:"南宋瓷器是历史上高峰的东西,代表了中国陶瓷文化发展的最高成就。"

　　与德寿宫相关的瓷器,最有名的并非官窑,而是一件汝窑的天青釉盏托,上面有"寿成殿"的款。"寿成殿"是南宋孝宗寿成皇后谢氏的居所,"寿成殿"的款表明这件汝窑盏托曾经是南宋"寿成殿"中使用过的瓷器。1971年,英国收藏家哈里·加纳爵士把这件汝窑捐给了英国的维多利亚与阿尔伯特博物馆(V&A博物馆)。

　　英国维多利亚与艾尔伯特博物馆,是世界最大的艺术和设计博物馆。这件汝窑盏托被这家博物馆视若拱璧,特意将藏品排在首位,编号定位0001号。

　　在南宋都城所在的临安城遗址中,也陆续发现少量的汝窑青瓷。1999年,为配合中河高架路的建设,杭州市文物考古所在馒头山东麓的万松岭路东段南侧进行考古发掘,在南宋地层发现了汝瓷残片,可辨器形有梅瓶和圈足盘两种。其中,梅瓶均为腹部残片,香灰色胎,胎体较厚,施天青釉,釉面有少量开片。

汝窑青瓷在杭州发现不多,但都跟南宋皇室有关。与汝窑瓷伴出土的,均有南宋官窑、高丽青瓷和定窑等高档瓷。在高架路工地,有一件南宋官窑青瓷盘,外底残存阴刻的"寿成"二字。汝窑、官窑等传世瓷品中也有此类殿名刻款发现。对照字体发现,高架路"寿成"款与英国维多利亚与阿尔伯特博物馆藏"寿成殿"铭文盏托字迹基本相同,当系同时代刻款。同样的情况,也见于台北故宫博物院收藏的"寿成殿"款定窑盘。这表明,这两件传世瓷品很可能曾被南宋皇室使用过。

"宋代瓷器器形优雅,釉色纯净,图案清秀,崇尚静穆无声的自然之美,突出纯洁如玉的质感,散发着典雅宁静的气息,虽不沉雄,却极幽远,是具有永恒魅力的优美典型,在中国陶瓷史上独树一帜。"①

在杭州,密渡桥遗址出土的瓷器数量多、种类丰富、质量精、档次高,在杭州发展史、南宋考古史、陶瓷史上,均具有重要意义。

---

① 游彪:《追宋:细说古典中国的黄金时代》,成都:天地出版社2021年版,第275页。

钧窑天蓝釉器盖

龙泉窑青釉刻划水波纹双鱼洗

青白釉粉盒

■ 修复后在德寿宫展出的瓷器

密渡桥遗址在武林广场北边,密渡桥路东边是京杭大运河的武林码头,古代进出杭州的最重要门户。在南宋时期,这里是临安城北部重要的客货集散和市镇所在地,连通城内河道和城外运河的重要通道。

2005年和2011年,配合市政建设,杭州市文物考古研究所对该遗址进行了正式清理发掘,出土了数以吨计的古代瓷器。来自龙泉窑、越窑、建窑、东张窑、义窑、湖田窑、吉州窑、定窑等多个窑口。其中南宋瓷器,占比最多,质量最精。南宋瓷器中,建窑黑釉瓷器、湖田窑青白瓷器、闽清义窑青白瓷器、吉州窑黑釉瓷器等居多。龙泉窑基本为粉青厚釉青瓷,釉层厚,釉面莹润,玉质感强,时代主要集中在南宋时期。

当我随着邓禾颖、杨曦老师的脚步,在杭州市文物考古研究所的库房面对一堆堆的瓷器残片时,与来自800多年前的美就这样穿越时空相见了。宋人清雅的美学风范,诗词歌赋、琴棋书画,那些日常浸淫其中的审美氛围,也与瓷片同时抵达2021年、京杭大运河边的这一时空现场。

美可以历经时光淘洗,愈见风范。

美更如流水,绵延不绝。

第六章

花团锦簇

德寿宫的日常风雅

当我们称赞一把椅子或是一幢房子"美"时，

我们其实是在说我们喜欢这把椅子或这幢房子

向我们暗示出来的那种生活方式。①

——[英国]阿兰·德波顿

① [英国]阿兰·德波顿：《幸福的建筑》，冯涛译，上海：上海译文出版社2009年版，第1页。

满 城 花

　　德寿宫这一小片土地上的故事,说长也不长。从绍兴三十二年(1162)高宗搬进德寿宫算起,到开禧二年(1206)德寿宫发生火灾不宜再居住时止,中间不过44年。

　　44年间,高宗住了25年,孝宗住了5年。

　　如果翻拣这段时光里的日常生活,截取其中的一天来叙述德寿宫的故事——哪一天会最有代表性呢?

　　不如,就让我们回到淳熙三年(1176)五月二十一日吧。

　　这一天,太上皇高宗赵构70岁生日。

　　生日当天的卯时(5点到7点),太阳才出来,孝宗就率皇后、太子、太子妃、文武百官出发了,从和宁门出发,经过三省六部,经过太庙,队伍在御街上走过,一直走到北内德寿宫来,为太上皇祝寿。

　　这天,德寿宫内百官帽带簪花,礼乐典仪祥和井然。一系列的繁文缛节过后,孝宗侍候太上皇高宗到寝殿吃早饭。然后一起到射厅,看百戏,赏赐,休息。

午时二刻(11点半),太上皇到德寿殿,自皇帝以下,皆簪花侍宴。

过了一会儿,太上皇让内侍请官家免去一些礼节,主要是穿戴方面的,不要太拘束。然后太上皇赐皇太子礼物,南北内互赐承应人赏钱。

然后再请太上皇一起看歌舞。又移宴至清华,看蟠松。宫嫔五十人,着仙妆,奏着清乐,进酒,献艺。

继续喝酒。太上皇把自己的书法作品拿出来,赐给孝宗,作品是《急就章》和《金刚经》。孝宗把自己的书法作品拿出来,献给太上皇,作品是真草《千字文》。

太上皇展卷,大悦:"不错! 不错! 大哥近日笔力甚进。"孝宗起谢。之后还是一起欣赏书诗。

再坐下来时,太上皇要了翡翠鹦鹉杯,孝宗和皇后捧杯进酒①。太上皇说这是半个世纪前,你爷爷当朝的宣和年间,外国进献的,现在就给你们了。

太上皇、孝宗一直喝到七八分醉。然后穿戴齐整,孝宗率皇后、太子等人谢恩,准备回去了。太上皇叮嘱随从:"官家已醉,可一路小心照管。"

---

① (宋)周密:《武林旧事》,北京:中华书局2007年版,第198页。

（宋）钱选《卢仝烹茶图》

　　周密的笔调颇有散文的韵致，写人记事剪裁有度，有时寥寥数语，就把场面写活了。在周密《武林旧事》的"乾淳奉亲"这一卷中，高宗显露了他作为普通人的一面，这里有亲情的自然流露，也有亲切可及的日常生活。除了作为政治人物的一面，我们也发现了他可爱的一面。

　　比如，孝宗曾请他到聚景园去看花，他说："频频出去，不惟费用，又且劳动多少人。本宫后园亦有几株好花，不若来日请官家过来闲看。"而孝宗呢，也由此想到在德寿宫营造出一个小西湖来。

　　再如，他与孝宗都喝醉了，孝宗要回宫，他还不忘叮嘱随从要小心照管。言语之间，是一份关爱，也有淳浓的生活气息。

　　这里还可以留意的一点是，当时文化艺术气息浓郁，高宗的生日盛会，父子互赠书法作品。徽宗、高宗都是有名的书法家。徽宗的书法属于"才子型"的书法，他独创的"瘦金体"极具艺术性地发挥，而高宗的书法则属于"宗师型"书法，功力醇厚，每一个字都是建立在正统而醇厚的"古法"基础之上。这自然跟他的书法学习经历有关。在早年，他学习书法十分刻苦，晚年的时候，他在书论《翰墨志》当中大致叙述了自己的习书经历，他说："凡五十年间，非大利害相仿，未始一日舍笔墨，故晚年得趣，横斜平直，随意所适。"

　　也就是说，50年书法练习，让他的书法达到了"随意所适"

的化境。

　　明代的知名书法理论家陶宗仪在《书史会要》中说道："高宗善真、行、草书，天纵其能，无不造妙。"楷书、行书、草书都精妙无比，可见其书法造诣之高。

　　在如今的杭州孔庙碑林，保存着数十通南宋太学石经，这可是镇馆之宝，石上刻的文字是由宋高宗赵构和皇后吴氏手书的。这些碑刻内容，主要是儒家经典的"四书"和"五经"，始刻于绍兴十三年（1143），故也称"绍兴石经"。淳熙四年（1177），宋孝宗建"光尧石经之阁"存放石经，故又称"光尧石经"。南宋太学石经是七朝石经中唯一由皇帝御书的石经，具有极高的艺术观赏价值和历史价值。

　　这些石经，最初刻立于南宋太学。高宗在抄写这些书经时，每天写到手腕发酸，"翰墨稍倦"，又让吴皇后"续书"。这些书法作品疏落闲雅，为历代文人墨客所推崇。在清代，南宋太学石经甚至有"一字万人摹"的夸张描写，可见当时南宋石经受人推崇的程度。

　　高宗赵构，可谓是南宋前期最重要的书法家，他对南宋一代书法基本观念的形成及书法艺术的推进，有着极为重要而深远的影响。

　　宋孝宗的书法，学的就是宋高宗。《书史会要》称"孝宗书有家庭法度"。孝宗也自称，"无他嗜好，或得暇，惟读书写字为娱"。他学高宗的字,几可乱真。有宋一代,从帝王到文士,都对书法保持着极高的热情,用现在的话说,如果字写不好,在南宋可是做不了官的。

高宗、孝宗的书画造诣很高,宋代为后世留下了大量的书画艺术作品。如今德寿宫复原,重现南宋的一抹风雅,德寿宫里的"重华""慈福"等匾额也正是从孝宗传世书法作品中集字而来。

淳熙三年(1176)高宗70岁生日的这一天,已是初夏了。德寿殿宴会,"自皇帝以下,皆簪花侍宴"。这也是一个很有趣的细节——簪花,古代头饰的一种,古时喜庆之日,朝廷百官中帽上皆簪花,在宋代是非常普遍的日常生活场景。

关于簪花的习俗,根据目前的史料来看,最早出现在南北朝,兴于唐朝,风靡于两宋。在宋代,簪花不仅是女性的专属,男子簪花也是蔚然成风。簪花者,不分性别、年龄、阶层、贫富,不仅宫廷贵族、文人士大夫簪花,普通市民也爱簪花,隐士高人爱簪花,连绿林好汉也会簪花,《水浒传》里的浪子燕青就是如此,"腰间斜插名人扇,鬓边常簪四季花"。

簪花属于全民性的日常行为,重要的节日当然要簪花,比如端午簪朵石榴花,重阳簪朵大菊花,在一些喜事发生的时候更要簪花,比如登科及第,簪花骑马而归;簪花更上升到宫廷礼仪的高度。

《宋史·舆服志》的"簪戴"条目有明确规定："幞头簪花,谓之簪戴。中兴、郊祀、明堂礼毕回銮,臣僚及扈从并簪花,恭谢日亦之。大罗花以红、黄、银红三色,栾枝以杂色罗,大绢花以红、银红二色。罗花以赐百官,栾枝,卿监以上有之,绢花以赐将校以下。太上两宫上寿毕,及圣节、及赐宴、及赐新进士闻喜宴,并如之。"

由上文可知,不同品级官员、不同的场合,簪花有不同的规范。国家大典如中兴、郊祀、恭谢、两宫寿宴、新进士闻喜宴等场合,臣子们都须簪花,簪花的品种也有不同要求。[①]

10年之后,到高宗80岁生日时,杨万里写了10首诗,《德寿宫庆寿口号》,其中一首写道:"春色何须羯鼓催,君王元日领春回。牡丹芍药蔷薇朵,都向千官帽上开。"

南宋画家苏汉臣有一幅画作《货郎图》,画中一个货郎壮汉鬓边簪一枝花,其面貌浓眉大眼,其神情甚是娇媚,颇为有趣。

辛弃疾到了60多岁的时候,也写过一首词《临江仙·簪花屡堕戏作》:"鼓子花开春烂漫,荒园无限思量。今朝拄杖过西乡。急呼桃叶渡,为看牡丹忙。不管昨宵风雨横,依然红紫成行。白头陪奉少年场。一枝簪不住,推道帽檐长。"

---

① 吴洋洋:《宋代士民的"花生活"》,北京:中国社会科学出版社2019年版,第6—7页。

■局　部

■（南宋）苏汉臣《货郎图》

烂漫春日里,一个发疏齿摇的老人拄着拐杖急急去看花,老人也想跟年轻人一样,把花簪在头上,可是头发已经稀疏,簪花屡堕,老人随即自我解嘲,推说帽檐太长。一个富有情趣的春日看花图景,一位可爱天真的老人形象,都跃然纸上。

再说南宋,宫中一直把花作为生活里的重要内容。北内德寿宫中,栽种诸多奇花异草自不必说,每到花开之时,高宗都会各处赏花。南内的园林,也是效仿西湖景物营造的,"梅堂赏梅,芳春堂赏杏花,桃源观桃,粲锦堂金林檎,照妆亭海棠……台后分植玉绣球数百株,俨如镂玉屏;堂内左右各列三层雕花彩槛,护以彩色牡丹画衣,间列碾玉水晶金壶,及大食玻璃、官窑等瓶,各簪奇品,如姚、魏、御衣黄、照殿红之类几千朵;别以银箔间贴大斛,分种数千百窠,分列四面;至于梁栋窗户间,亦以湘筒贮花,鳞次簇插,何啻万朵。"①

上文中的"姚",姚黄,牡丹名品之一,黄色,传说出于五代洛阳的姚氏。"魏",魏紫,牡丹名品之一,紫色,传说出于五代后周宰相魏仁浦家,故曰魏。

这段记载,同出自周密的《武林旧事》,凭借这些文字,可以想见宫中赏花之盛景,及巨大耗费,用具都是"象牌""碾玉水晶金壶"之类的东西,以及各种名贵品种的花朵,动不动就是数

① (宋)周密:《武林旧事》,北京:中华书局2007年版,第65页。

千朵。

淳熙六年(1179)三月,孝宗到德寿宫,请太上皇、太后一起去西湖的聚景园看花。《武林旧事》中记载:"遂至锦壁赏大花,三面漫坡,牡丹约千余丛,各有牙牌金字……又别剪好色样一千朵,安顿花架,并是水晶、玻璃、天青汝窑、金瓶,就中间沉香卓儿一只,安顿白玉碾花商尊,约高二尺,径二尺三寸,独插照殿红十五枝。进酒三杯,应随驾官人内官,并赐两面翠叶滴金牡丹一枝、翠叶牡丹、沉香柄金彩御书扇各一把……"[1]

在爱花行为所体现出来的生活追求与风雅上,皇帝与平民体现出精神上的同一性。宋人的日常生活,都有瓶花相伴。

扬之水在《宋代花瓶》的开篇说:"瓶花的出现,早在魏晋南北朝,不过那时候多是同佛教艺术联系在一起。鲜花插瓶真正兴盛发达起来是在宋代。与此前相比,它的一大特点是日常化和大众化……"[2]

在宋人的审美之中,花与其他事物一道,构成了一个独特的审美世界。在宋徽宗的画作《听琴图》中,松荫之下,抚琴焚香,弹琴人(据说是宋徽宗的自画像)的正前方是一座叠石假山,假山上就是一瓶插花。不仅文人、士大夫如此,寻常人家都

---

① (宋)周密:《武林旧事》,北京:中华书局2007年版,第201页。
② 扬之水:《榴柿楼集·卷四宋代花瓶》,北京:人民美术出版社2014年版,第1页。

热爱插花。《夷坚志》提到一名市井女子爱花成痴："临安丰乐桥侧,开机坊周五家,有女颇美姿容,尝闻市外卖花声,出户视之,花鲜妍艳丽,非常时所见者比,乃多与,直悉买之,遍插于房栊间,往来谛玩,目不暂释。"

市井商家,同样爱以插花来装点门面。《梦粱录》中记,"今杭城茶肆亦如之,插四时花,挂名人画,装点门面"。杨万里还有一首诗《道店旁》写道:"路旁野店两三家,清晓无汤况有茶,道是渠侬不好事,青瓷瓶插紫薇花。"

宋人的插花时尚,自然带动起一个兴隆的鲜花市场。南宋临安城的三月,花市热闹非凡,各种鲜花争奇斗妍,《梦粱录》中记:"春光将暮,百花尽开,如牡丹、芍药、棣棠、木香、酴醾、蔷薇、金纱、玉绣球、小牡丹、海棠、锦李、徘徊、月季、粉团、杜鹃、宝相、千叶桃、绯桃、香梅、紫笑、长春、紫荆、金雀儿、笑靥、香兰、水仙、映山红等花,种种奇绝。卖花者以马头竹篮盛之,歌叫于市,买者纷然。"[1]

花事的盛景,可以反映南宋士人与民众对雅致生活的追求,也从另一个侧面反映出百姓生活的富庶与安逸。在德寿宫里,宋高宗也热衷于养花,后苑花卉四时不同,美不胜数;德寿宫遗址也出土了不少龙泉窑系方瓶、凤耳瓶、折肩瓶等,都是插花用的花器。

---

[1] (明)吴自牧:《梦粱录》,南京:江苏凤凰文艺出版社2019年版,第91页。

淳熙三年(1176)高宗70岁寿宴的那一天,时已初夏,德寿宫后苑鲜花绽放,殿中四处花团锦簇,气氛喜庆而又清雅。一场盛大的生日宴会即将开始。时隔800多年,今日的人们步入复原后的德寿宫重华殿中,似乎仍能感受到800年前那满城的繁盛、日常的风雅,以及那一抹隐隐约约的花香。

一 瓯 茶

德寿宫里,自然颇有一些好茶。每年春天,福建北苑都会把最好的第一批茶送进宫中,名为"北苑试新"。

这种茶饼做成小巧的方形小銙,一个批次的小銙只有100块左右。精选茶芽,包装奢华,每块价值40万钱,却冲泡不了几瓯茶汤。①

宫中每逢重大庆典,君臣集会,皇帝总要赐茶,这时候用的必定是顶级的好茶。

说中国的茶文化,"起于唐,盛于宋",是因为唐代出了"茶圣"陆羽,他写了《茶经》,唐代煎茶已成时尚;到了宋代,茶文化有几个标志,一是贡茶制作愈精,贡额愈大;二是宋代茶著流传后世,影响很大;三是宋代茶艺美不胜收。

中国茶文化的鼎盛期,毫无疑问出现在11世纪至13世纪,即两宋时期。从饮茶风尚所席卷的广度来看,茶在民间的普

---

① (宋)周密:《武林旧事》"进茶",北京:中华书局2007年版,第63页。

及,是在宋代完成的。①

北宋时,福建北部的建州凤凰山麓一带产茶,且皆上品,遂成为朝廷御焙。北苑在宋代迎来了它的黄金时代,蔡襄在《茶录》中说:"茶味主于甘味,惟北苑凤凰山连属诸焙所产者味佳。"

蔡襄与苏东坡、黄庭坚、米芾同为宋代书坛巨擘,被誉称为"宋四家"。他任福建路转运史,所著《茶录》将北苑茶的研制、饮法完整地介绍给士大夫。其他还有《品茶要录》《宣和北苑贡茶录》等茶书问世,其中《宣和北苑贡茶录》列出50余种贡茶的名称,其中大半都是徽宗大观至宣和年间创制的,有的铐茶名字极雅,如乙夜清供、承平雅玩、玉除清赏、启沃承恩,等等。

宋徽宗治国无方,却艺术在行,不仅书画一流,品茶也是一流。他著述《大观茶论》,归纳了品茶的"清、和、澹、静"四字要诀。在中国的历史上,以皇帝的至尊身份而撰写茶书,古往今来,恐独此一人。

唐代的人喝茶,跟今人不同,那时都是采用"煎茶"之法,煎完之后连茶带汤一并饮用。

到了宋代,人们创造了"点茶"的喝法——把茶饼碾成粉末,放入茶盏中以水注点,搅拌使茶水混合成乳状,用茶盏饮茶。

---

① 吴钧:《风雅宋:看得见的大宋文明》,桂林:广西师范大学出版社2018年版,第186页。

■ 刘松年《撵茶图》

　　再到明朝，就更简单一些，烦琐的煮茶、点茶被撮泡法取代。于是，茶与水的品质就更加讲究了。

　　北宋时期专供宫廷饮用的茶，包装都很精美，茶叶压成紧实的茶饼，茶饼上印有龙、凤花纹，叫作"龙团""凤团"。南宋刘松年有一幅画《撵茶图》，描绘了宋人喝茶的过程，从磨茶开始，到煎水点茶品饮的场景。画中左前方，一仆坐矮几上磨茶，因为茶饼比较紧实，需要解开后磨成粉末；桌上有筛茶的茶箩、贮茶的茶盒等。另一人伫立桌边，提汤瓶点茶，其左手边是煮水的炉、壶和茶巾，右手边是贮水瓮，桌上茶筅、茶盏、盏托历历在目，整洁有序。画面右侧三人，一僧执笔作书，另二人相对而坐，似在观赏。

　　宋徽宗的《文会图》，更是宋代茶画中的精品之作，描绘了一场宋代文士的大型茶会现场。茶会上嘉宾11人，侍奉8人，另一人着官服，似为茶宴总管。画中古树假山，庭院幽静，气氛雅致。画面下方有一茶桌，侍者正在点茶分茶。

　　宋代的茶饼，是一种经过蒸、榨、磨，再添加香料，最后定型干燥的茶，以色白为上品，《东坡志林》引司马光的话说，"茶欲白，墨欲黑"，茶是白的好，墨是黑的好。①

　　点茶的方法，是把研好、罗好的茶叶粉末置入茶盏中，先注

①赵汝砺：《北苑别录》，转引自《茶录（外十种）》，上海：上海出店出版社2015年版，第68页。

入少许沸水调匀,再继续注水,同时用茶筅"环回击拂",在茶汤表面形成一定的汤花图案。茶汤面色鲜白,盏上见不到水痕为佳。注水之时,讲究茶与水的比例,"茶少汤多,则云脚散;汤少茶多,则粥面聚"。

宋人有斗茶的习俗,所比试的正是茶汤表面的情况,乳花消退、水痕先出者为负,时间较久乳花方退、水痕出现者为胜。文人雅士喜欢斗茶,参与斗茶者,各自献出自己珍藏的名茶,或当年新茶,大家一一品尝。斗茶的项目包括茶的色相、茶的芳香、茶汤的醇度,以及茶具的优劣,等等。所以点茶之时,所用茶瓶、茶盏、茶匙都有特别的讲究。

黑龙江省博物馆藏一幅宋画《斗浆图》(作者佚名),图中描绘的是南宋街头的小贩们在休息时斗浆的情景。斗浆即为斗茶。斗茶者六人,他们头扎裹巾,一手提壶,一手端盏,正围于一处品茶、交谈、斗茶,身姿各异神情丰富,极富生活气息。

点茶,以茶汤颜色白者为上,因此茶盏的颜色以黑为上,以便突出汤花图案;盏壁要微厚,以便保温。所以,建窑、吉州窑的黑釉盏,正是顺应这一时代风气而出现的茶具。颜色绀黑、纹如兔毫的建盏,那就是上品。

按照《格古要论》的说法,宋代人使用的茶盏大多是敞口,颜色黑而滋润,并有黄兔毫斑,而且胎体很厚。按照《演繁录》的说法,到了南宋,皇家宴会所用茶具又有变化,不用建盏,而

■（南宋）佚名《歌乐图》

用大汤氅,这是一种扁形的碗盏,颜色正白——这不是多么稀罕珍贵的一种茶具。只是,不知道德寿宫的宴会上,高宗他们喝茶用的是什么样的碗盏呢?

我曾在杭州市文物考古研究所的库房,见到一块"茶阁"款的瓷器残片,乃是德寿宫出土的定窑白釉印花牡丹纹碗。据判断,该瓷片年代在金代晚期,与南宋差不多并行的年代。

德寿宫遗址出土的瓷器,以饮食用具为主,碗、盘、碟等日常生活中不可缺少的器具。其中,有相当数量的越窑系碗、盏托,就是典型的茶具。陆羽在《茶经》里就提到饮茶以越器为上的观点。盏托,最早叫茶托子,是为了防止喝茶时候烫到手而使用的。建中蜀相崔宁之女用碟子承托茶杯,并用蜡固定杯子,后来才有了盏托。①

秘色瓷素来珍贵,宋代自徽宗起崇古之风甚盛。因此,在德寿宫遗址内出土五代时期的越窑器物也不奇怪,高宗应该是会喜欢这样的越窑秘色瓷的。

德寿宫遗址出土的,还有一些建窑系的茶盏,年代大约在

---

① 见唐人李匡乂《资暇录》卷下《茶托子》条:"建中蜀相崔宁之女以茶杯无衬,病其熨指,取碟子承之,抚啜而杯倾,乃以蜡环碟子之央,其杯遂定。即命匠以漆环代蜡,进于蜀相。蜀相奇之,为制名而话于宾亲。人人为便,用于世。是后传者更环其底,愈新其制,以至百状焉。"崔宁是当时的西川节度使兼成都府尹。

南宋中期,这类器物应该是南宋时期德寿宫或重华宫内的茶器。用建盏饮茶固然佳,但建盏产自福建,运输成本较高,无法满足南宋社会民众的饮茶需求,因此德寿宫遗址出土的茶器中,龙泉窑系的盏、碗也多,龙泉窑在越窑衰落以后迅速崛起,成为宋元时期最重要的南方青瓷体系,而且龙泉窑的器物,胎壁较厚重,宜于饮茶。

至于那一块"茶阁"款的定窑白釉印花牡丹纹碗残片,想来应该是德寿宫的茶具。这只定窑茶碗的等级非常之高,远超常规的定窑产品。只是定窑当时处在金人范围内,如何就进入了德寿宫呢? 此中原因,尚无定论,考古人员猜测有这么几种可能性:一是下层进贡给上层阶级的;二是一批有身份的人专门主导着这一批高等级器物的南北贸易;三是南宋宫廷与金国宫廷之间的交流——想来因为南宋与金国之间的不平等地位,第三点可能性不大。当然,这也非定论。这片来自德寿宫的"茶阁"款定窑瓷片,就留待大家一起去遥想德寿宫里的饮茶时光吧。

宋人饮茶的方式风雅沉静,深深影响了日本。

"毫无疑问,日本向中国学了很多。"易中天说,"但日本文化的恬静和古雅不可能来自唐三彩,只可能来自宋瓷,以及用宋瓷冲泡的茶,还有与茶同味的禅"。①

① 易中天:《易中天中华史:风流南宋》,杭州:浙江文艺出版社2018年版,第77页。

■《清明上河图》(局部)

南宋中后期,日本僧人先后来径山寺学禅,一住数年,回国后辗转各地弘扬临济宗法。他们带回中国茶经典籍与径山茶具,将种茶制茶技术和茶宴仪式传回日本,从而将"径山茶宴"茶礼传入日本,逐渐演化为日本茶道,成为日本幕府和高层社会的礼节。可以说,日本的茶道源于中国的茶道,而径山寺的南宋茶礼,则是日本茶道的直接源头。

1191年,日本僧人荣西从南宋得到茶种,带回日本种植。荣西是日本临济宗的创始人,他在中国还学到了茶的加工方法,日本的茶一直延续宋代的末茶,他们称之为"抹茶"。荣西成为茶道的鼻祖,也是日本茶书的第一位作者,他于1211年写成《吃茶养生记》,一直流传于今。现藏于日本奈良大德寺之"茶禅一味"墨宝,就是南宋高僧圆悟克勤禅师所写,由荣西在南宋末年带回日本的。

日本僧人回国时,把径山寺的建盏也带了回去。那些建盏陆续在日本上层社会流传,被人称作"天目茶盏"。在日本的茶道中,专门设计有一套用天目茶盏点茶的程序,名为"天目点"。南宋时期流入日本的天目茶盏到底有多少只,至今已无人可知。有三只品相完美的天目茶盏,被日本列为"国宝",备受珍视。另外,黑釉建盏传入日本以后,也受到追捧,日本藏有四件黑釉曜变建盏,被尊为"国宝",其中三件合称为"曜变三绝"。

将 进 酒

一块酒坛封泥，静静讲述着德寿宫的前尘酒事。

这是一块质朴的泥巴，虽然来自北内的皇宫，也依然是块泥巴。所不同的是，它曾在800多年前德寿宫的酒坛子上承担着自己的历史使命。

这块来自南宋的封泥，现藏于杭州市文物考古研究所。2006年，在当时"杭州工具厂地块"进行发掘时，这件陶泥封重见天日。此残件看得出原本的圆形，宽13厘米，厚8厘米，边上残存两个葫芦形印，以及一些字样——上品、梅花、惠山米、三白泉。

上品，表示酒不错。惠山米、三白泉可能是原料，一种是无锡一带产的惠山米，一种是不知道哪里取的三白泉。至于梅花，可能指向梅花酒这个品类。

高宗显然是爱饮酒的。

作为一个皇帝兼艺术家，他喜爱世上一切美的东西，西湖风光、奇花异草、美酒佳茗、江山美人，以及美好的艺术与器物。酒能让人血液流速加快,感觉愉悦。这种据说是由杜康发明的液体,隐藏着某些神秘的元素,它令人在繁重或无聊的生活中短暂地忘却疲劳和烦恼,获得一种精神上的解脱。

到了南宋之时,农业生产技术长足进步,粮食产量大幅提升,临安城商品经济繁荣发展,市民生活水平水涨船高,这使得酒的产业也甚为繁荣。因为酒的产量巨大,酒税就成为宋朝政府财政的重要来源,仅次于田赋、榷盐。基于巨大的经济利益,宋朝对酒实行专卖,也就是榷酒制度。

榷酒主要分三类:其一是官办酒场,这是由政府直接兴办的酒场或酒坊;其二是获得特许经营权的民营酒场,自负盈亏,政府从中课税;其三是在偏远乡村,酒户通过向官营酒场买酒曲的方式,自酿酒再卖给饮者。

宋人的饮酒,以黄酒、配制酒、果酒为主,其中以黄酒最为常见。那时高度的蒸馏酒应该还没有出现,所以酒量好的人可以开怀畅饮。

在德寿宫,高宗饮酒是三天两头的事,翻翻《武林旧事》时不时可以看到这些记录——

"是日三殿并醉……"

"又移宴清华,看蟠松,宫嫔五十人皆仙妆,奏清乐,进酒……"

"官里与皇后新捧杯进酒……"

"官家已醉,可一路小心照管……"

"移坐灵芝殿有木犀处,进酒……"

"是日官里大醉……"

"时君臣皆已沾醉……"

"上亲捧玉酒船上寿酒,酒满玉船……"

"时太上已醉,官里亲扶上船……"

"太后命本宫歌板色歌此曲进酒,太上尽醉……"

官家指的是孝宗,太上指的是高宗。父子一起饮酒,其乐融融。爱酒之人,赏花、泛舟、听曲、作乐、筵宴,都要以酒助兴。高宗不仅爱酒,还要在德寿宫自酿酒。于是,孝宗每年主动承包了自酿酒所需要的费用。①

德寿宫搞了个私酿,且对外销售,这笔收入可不是小数目。国家明令禁止私酿的情况下,德寿宫私设酒库,纵容宦官梁康民开设酒库,这当然是犯榷酒之禁。有位耿直的大臣直言上疏"北内私酤",结果高宗"闻之震怒"。孝宗为表孝心,下令将此臣放逐出京。宰相史浩规劝孝宗:谏官因直言被贬,这样恐怕不太好吧?

那边,高宗不依不饶,派人送给孝宗一壶酒,还亲笔写上

---

① 唐俊杰:《一代风华,南宋风物观止》,《杭州》杂志2017年12月。

"德寿私酒"的酒标。这意思,可是不言自明啊。

于是,孝宗下诏,每年拨给德寿宫糯米五千石。这就是供德寿宫酿造御酒用的。德寿宫每年靠卖酒可是发了大财。

临安作为南宋朝廷的政治经济文化中心,其酒库数量非常可观。据《梦粱录》记载,当时仅临安的点检所就拥有13个大型酒库,还有安溪、余杭、奉口等9个小酒库。

除酿酒之外,酒库还负责对外出售。酒库若经营绩效好,酒务官员便能晋升得赏,故各酒库间竞争十分激烈。

除了官方酒库,各处私营酒肆也极盛,"处处酒垆皆可醉,不辞微雨垫吾巾"。酒垆沿街巷开设,入夜后也不打烊。

临安的酒店业极为发达,《武林旧事》和《梦粱录》收录了杭州驰名酒楼的名单,包括西楼、和乐楼、中和楼、太和楼、和丰楼、春风楼、太平楼、丰乐楼、先得楼等官营酒店,以及熙春楼、三元楼、赏心楼、花月楼、日新楼、五间楼等私营酒楼。

丰乐楼是杭州城景观系数最好、风光最秀丽的酒楼,"据西湖之会,千峰连环,一碧万顷,柳汀花坞,历历栏槛间,而游桡画舫,棹讴堤唱,往往会于楼下,为浏览最"。

户部点检所的13个大型酒库,每年惯例两次开酒,四月初黄酒开坛,九月初清酒开坛。那可真是盛大的节日——先到提领所呈样品尝,然后迎引至诸所隶官府而散;每库各用匹布,把酒库的名字和所造的好酒名写好,用以长竿悬挂起来,谓之"布牌";以木床铁擎为仙佛鬼神之类,驾空飞动,谓之"台阁";杂剧百戏诸艺之外,又为渔父习闲、竹马出猎、八仙故事,等等。然后,酒作为主角,正式出场。

在这个新酒出街的日子,那全城热闹的盛况,便同现在的啤酒节、狂欢节一样。

"库妓之琤琤者,皆珠翠盛饰,销金红背,乘绣鞯宝勒骏骑,各有皂衣黄号私身数对,呵导于前,罗扇衣笈,浮浪闲客,随逐于后……所经之地,高楼邃合,绣幕如云,累足骈肩……"①

南宋时代的都城临安,是个不夜城,商家没有营业时间和营业地点的限制,夜市未了,早市开场,间有鬼市,甚至还有跳蚤市场。杭州的夜市,"最是大街一两处面食店及市西坊西食面店,通宵买卖,交晓不绝"。在一个个这样的夜晚,酒是南宋文艺青年最好的伙伴。

《武林旧事》中记载的南宋"诸色酒名"有:

> 蔷薇露、流香(并御库),宣赐碧香、思堂春(三省
> 激赏库),凤泉(殿司),玉链槌(祠祭),有美堂、中和
> 堂、雪醅、真珠泉、皇都春(出卖),常酒(出卖),和酒

---

① (宋)周密:《武林旧事》"进茶",北京:中华书局2007年版,第80页。

(出卖。并京酝),皇华堂(浙西仓),爱咨堂(浙江仓),琼花露(扬州),六客堂(湖州),齐云清露、双瑞(并苏州),爱山堂、得江(并东总),留都春、静治堂(并江阃),十洲春、玉醅(并海阃),海岳春(西总),筹思堂(江东漕),清若空(秀州),蓬莱春(越州),第一江山、北府兵厨、锦波春、浮玉春(并镇江),秦淮春、银光(并建康),清心堂、丰和春、蒙泉(并温州),潇洒泉(严州),金斗泉(常州),思政堂、龟峰(并衢州),错认水(婺州),溪春(兰溪),庆远堂(秀邸),清白堂(杨府),蓝桥风月(吴府),紫金泉(杨郡王府),庆华堂(杨驸马府),元勋堂(张府),眉寿堂、万象皆春(并荣邸),济美堂、胜茶(并谢府)。

点检所酒息,日课以数十万计,而诸司邸第及诸州供送之酒不与焉。盖人物浩繁,饮之者众故也。[1]

以上所列,仅官府专酿之所,乃有40余处,可知产酒量之大。诸色酒名也极具诗情画意,令人浮想其酒液之醇美。

上文中临安御酒库出品的"蔷薇露"与"流香",这两款出自御库酿酒师之手的御酒,无疑代表了南宋最顶尖的美酒水准。其中,"蔷薇露"是特供皇室饮用的御酒,"流香"是皇帝赏赐大

---

[1]《武林旧事》记载的南宋"诸色酒名"。陆游《老学庵笔记》卷七载:"寿皇时,禁中供御酒,名蔷薇露;赐大臣酒,谓之流香。"

■（宋）佚名《柳荫醉归图》

臣的御酒,能喝到这两款酒的人,都值得郑重记入史册。

高宗时期的翰林学士兼侍读周麟之,是饮过"蔷薇露"酒的少数大臣之一。喝过此酒之后,周麟之激动地写了一首《双投酒》诗:"君不见白玉壶中琼液白,避暑一杯冰雪敌。只分名冠万钱厨,此法妙绝天下无。又不见九重春色蔷薇露,君王自酌觞金母。味涵椒桂光耀泉,御方弗许人间传……"

诗人周必大也喝过"流香"酒,他用文字记下,淳熙年间"某以待制侍讲经筵,赐流香酒四斗"……

当过礼部尚书兼侍读的张大经也喝过"流香"酒:"尝侍宴闲,赐坐从容,上问:日饮几何? ……及归院,即宣赐流香、果实。"

让我们再回到德寿宫。淳熙五年(1178)二月初一日,孝宗到德寿宫问候高宗起居,高宗与孝宗一起到后苑石桥亭子上看古苔梅。高宗因为很久没有见到史浩了,就召来德寿宫一起饮酒。高宗叫了些"外卖",都是旧京故地的味道——李婆婆杂菜羹、贺四酪面、脏三猪胰胡饼、戈家甜食等几种。这些小吃都很可口,君臣欢悦,不知不觉间多喝了几盏,就有些微醉了。喝的酒,倒不是德寿宫的私酿,而是顶级的"蔷薇露"了。

史浩向高宗敬酒。

史浩是出色的政治家、文学家,在宋高宗时期,他担任过国子博士、王府教授。那时候，高宗还没有决定选择赵瑗或赵璩来继承皇位。为了考察人选，高宗有意命二人各写一百本《兰亭序》进呈，还给二人各赐宫女十名。结果，赵瑗很好地通过了考察，写了七百本《兰亭序》，对高宗赏赐给他的宫女毫不越界——这里头，就有史浩的及时提醒。最后，赵瑗成了接班人，他也就是后来的孝宗。

史浩为政数十年兢兢业业，在孝宗时候主持过为岳飞等人平反的工作，也向孝宗推荐了一批有识之士，自己一直当到右丞相。

小内侍悄悄跟史浩说："史相公少喝点。"

孝宗听见了，挥手道："欸，多喝点无妨！今日开心，当为老先生一醉。"

高宗很高兴，给史浩赏赐，包括玉带一条、冰片脑子一金盒、紫泥罗二十匹、御书四轴。

德寿宫里的这一场饮酒，君臣交谈，坦诚愉悦，在史浩为人臣子的一生中，这样松弛的饮酒记，也是值得记录的珍贵时刻吧。

何况，后苑的古梅花也都开得那么好了。

那一晚，德寿宫珍藏许久的蔷薇露开了好几坛，梅香清远，酒香袭人。官中后苑，湖畔古梅开得甚好，不知什么时候，天空又飘起雪花来，梅花与芙蓉石，俱隐在那漫天飞舞的瑞雪之中了。

秋劲拒霜盛
羡冠锦羽鸡
已知全五德
安逸胜凫鹥

宣和
熙御製
亦書
一天

■（北宋）赵佶《芙蓉锦鸡图》

泛 索 记

退居德寿宫的太上皇赵构喜欢"点外卖"。

若说宫中的食物不符合他老人家的口味，那倒未必，恐怕还是市井食物的某些烟火滋味，能略微地唤醒他遥远的家国记忆吧。

宋室南渡之后，一批宫廷御厨流落民间，一些宫廷菜的烹饪方法传入市井，成为了民间酒店的名菜；有些市民菜看则登上了御宴的菜单。北风南来，临安也成为南北饮食风格交融之地，北方的面食、肉食风格大举进入杭州，江南的水产与海鲜则受到北人欢迎，烹饪技艺精益求精，食物花色也是层出不穷。

据《都城纪胜》记载，南宋杭州食店"多是旧京师人开张，如羊饭店兼卖酒"，这就是北食店，所卖有石髓饭、大骨饭、泡饭、软羊淅米饭等。与此相对应则有南食店。南宋临安"效学汴京气象"，饮食品件、样式，乃至街上小贩的叫卖之声，都学着旧京风味，难怪南渡君臣能在临安找到汴京之感。

宋代皇帝对于饮食，也是抱着自由包容的心态，这一点，跟我们的想象不同——他们的确不像前代帝王们一样小心翼翼地遵循礼制，也不像后世帝王们一样战战兢兢地用银针试毒。在宋代皇帝们的眼中，似乎食在四方、享用美食是天经地义的事，而在皇宫里"叫外卖"，吃个小吃，也用不着大惊小怪——这不过是日常饮食生活的一部分。

在北宋，宋真宗就常派人到市场上沽酒以宴群臣，宋仁宗也时常从饮食店里购买一点美味佳肴换换口味。宣和年间，众多售卖各类小吃、水果的小贩聚集在汴京酸枣门外，等待御前索唤。[①]所谓"准备御前索唤"，就是随时准备为皇上提供餐饮服务，一旦皇帝想吃外卖了，这些小商小贩立马就能用食盒打包好，一路小跑着送到，再由人接力送进宫中，等皇帝吃到嘴边儿的时候，食物都还热乎着呢。

从这里也可知，宋宫廷在外面取食叫外卖的传统，是早已有之。南渡之后，此风犹盛。

南宋淳熙三年(1176)八月十一日，孝宗就到德寿宫问候太上皇、皇太后起居。这天，皇帝父子二人，悄悄到内书院进"泛索"。

"泛索"，也就是现在的外卖，属于皇宫内正膳以外的点

---

① (宋)孟元老：《东京梦华录》卷六。

心。《梦粱录》卷八载："每遇进膳……若非时取唤，名曰'泛索'。"要吃点什么东西又不在饭点，为方便起见，都是直接叫的外卖。

过了十天，到了皇太后生日那一天，孝宗、皇后、太子并太子妃等人又一起来德寿宫，给皇太后庆寿。太上皇邀孝宗到清心堂，干什么呢——也是进"泛索"——咦，这么频繁吃外卖，做皇帝也这么节约的吗？

恰好这天下雨，就没有安排百戏表演之类，但依例给了艺人们赏赐。

送外卖的小哥叫什么呢？叫"闲汉"。孟元老在《东京梦华录·饮食果子》中有写道："更有百姓入酒肆，见子弟少年辈饮酒，近前小心供过使令，买物命妓，取送钱物之类，谓之闲汉。"

淳熙五年(1178)二月初一日，也就是孝宗、史浩一起陪高宗赏梅饮酒那次，太上皇也是"宣索"市食，点了几种外卖——李婆婆杂菜羹、贺四酪面、臧三猪胰胡饼、戈家甜食(戈家蜜枣儿)等。①

这些菜都是北边来的，都是汴京气象、旧京风味。菜食既然适口，君臣也都开心，不知不觉多喝了几盏，就有些微醉了。

淳熙六年(1179)三月十五，太上皇坐船游西湖，出断桥，至

① (宋)周密：《武林旧事》，北京：中华书局2007年版，第199–200页。

珍珠园,买鱼龟放生。有个卖鱼羹的人,人称"宋五嫂",自称东京人氏,随驾南迁到此。太上皇宣召上船,念其年老,厚赐金钱10文、银钱100文、绢10匹,还让她经常供应后苑的"泛索"。

从南渡至此,宋嫂鱼羹在西湖边也流传50多年了。

这操着一口乡音的宋嫂,当年缘何跟随宋室南逃临安,已不可考。想来,生存是其唯一目的。不过,由宋高宗"念其年老"可以猜测,宋嫂的年岁应该比73岁的宋高宗还大。所以,当一句"东京人氏,随驾到此",可谓字字千钧敲打在高宗心上,唤起他对旧京的记忆与乡愁,于是,他给这些京城旧人予厚赐。

正因为宫中"点外卖"的风气很盛,宫外聚集等候宣唤的景象,也在杭州和宁门外上演。"和宁门外红杈子,早市买卖,市井最盛。盖禁中诸阁分等位,宫娥早晚令黄院子收买食品下饭于此。凡饮食珍味,时新下饭,奇细蔬菜,品件不缺。遇有宣唤收买,即时供进。如府宅贵家,欲会宾朋数十位,品件不下一二十件,随索随应,指挥办集,片时俱备,不缺一味。"①

且说"宋嫂鱼羹"从宋朝开始,便成为临安城的一道名菜,一直流传至今。这跟高宗"点外卖"有着千丝万缕的关系。这道菜既经皇帝钦点,又得官家赏赐,美食背后的故事性足足的。数百年后,俞平伯品尝过宋嫂鱼羹后,就点赞曰:"鱼羹美,

① (宋)吴自牧:《梦粱录》卷八《大内》。

佳话昔年留。泼醋烹鲜全带冰，乳莼新翠不须油。芳指动纤柔。"

梁实秋去台湾之后，也一直思念宋嫂鱼羹和西湖醋鱼的味道。他在《雅舍谈吃》中说，"宋五嫂的手艺，吾固不得而知，但是七十年前侍先君游杭，在楼外楼尝到醋熘鱼，仍惊叹其鲜美"。

德寿宫外，临安城内，到底有啥好吃的，让皇帝们念念不忘？

周密在《武林旧事》卷六"市食"一节列举过一些，诸如："鹌鹑馉饳儿、肝脏筷子、香药灌肺、灌肠、猪胰胡饼、羊脂韭饼、窝丝姜豉、划子、科斗细粉、玲珑双条、七色烧饼、杂炸、金铤裹蒸、市罗角儿、宽焦薄脆、糕糜、旋炙犯儿、八糙鹅鸭、炙鸡鸭、燗肝、罐里燗、燗鳗鳝、燗团鱼、煎白肠、水晶脍、煎鸭子、脏驼儿、焦蒸饼、海蜇鲊、姜虾米、辣斋粉、糖叶子、豆团、麻团、螺头、膘皮、辣菜饼、炒螃蟹、肉葱斋、羊血、鹿肉犯子。"①

这还只是其中的一小部分。其实，只要翻翻周密的《武林旧事》，还是会让人感到惊讶的。南宋的临安城里，居然有那么丰富的食品，有那么名目繁多的小吃，徜徉其间，犹如置身美食

①（宋）周密：《武林旧事》，北京：中华书局2007年版，第167页。

城,真是好不热闹。譬如说吧,光是"凉水"的种类,就有很多——甘豆汤、椰子酒、豆儿水、鹿梨浆、卤梅水、姜蜜水、木瓜汁、茶水、沉香水、荔枝膏水、苦水、金橘团、雪泡、缩脾饮、梅花酒、五苓大顺散、香薷饮和紫苏饮……

光是这夏天的冷饮,也可以从一个侧面看出临安城餐饮业之繁荣。

民间市井尚且如此,皇宫之内,其实不缺山珍海味。比如绍兴二十一年(1151)十月,高宗亲临清河郡王张俊家,张府置办了一场超级豪华盛宴款待高宗。这份菜单,一共包含了196道菜品,每道菜品,都被周密详录其名。读读那些菜名,水陆杂陈,奢华至极。张俊抗金打仗不行,敛财手段十分了得。为了办这次御筵,张府究竟耗资多少,书上没有明说,不过其豪奢靡费,可见一斑。而这还是臣子的府中,若是换了南内、北内的皇家御厨,又岂能比张府吃得差——我想,在这样的情况下,高宗、孝宗之所以还频频向市井觅食,大抵还是出于他们对美食的热爱——宫廷御宴、山珍海味吃多了也会生厌,一道外卖入宫来,那是舌尖上活脱脱的南宋滋味,那是最接地气的人间故事。

宋孝宗继任皇帝不久,在一次观灯过后,品尝了从夜市叫的外卖——"南瓦张家圆子"和"李婆婆鱼羹"等美食,龙颜大悦,当即就给了这些摊贩很多的赏赐。其实,正是皇城根下好风光,经常在这个地段周围出没的人非富即贵,你做个煎饼,卖个小吃,在这里开店与跟别处开店肯定不一样。在这里开个店,被皇家点一次外卖,得一回赏赐,说不定一年的生意都够本了。

其实,也正因为皇族贵家对于市井食物的关注,使得民间的美食水准也得以不断提升。《梦粱录》就载,"杭城风俗,凡百货卖饮食之人,多是装饰车盖担儿,盘盒器皿新洁精巧,以耀人耳目……及因高宗南渡后,常宣唤买市,所以不敢苟简,食味亦不敢草率也"。

这说的是啥意思呢?说明临安城的"外卖"水准在不断提升,这是由需求方推动的供给侧结构性改革。因为皇家贵族的需求,临安城外卖业生意兴隆,不断进步,这也显示出南宋京城应有的饮食气象。

二 胜 环

德寿宫的前身,是高宗赐给秦桧的宅第。

绍兴十五年(1145),正值秦桧权倾朝野之时,宋高宗给他赏赐了望仙桥的宅第。高兴啊,一群大臣宴饮。席间,有优伶表演杂剧。

杂剧当时也叫"参军戏",以滑稽搞笑为主。一般是两个角色表演,被戏弄者叫"参军",戏弄者叫"苍鹘"。

有一个参军上来,给秦桧溜须拍马颂赞歌。另一个伶人,拿着一把"荷叶交椅"(太师交椅)跟着,一起说笑,言语诙谐,宾客尽欢。

说完赞歌,该参军拱手揖谢,准备入座。就在这关键时刻,头上的幞头突然掉了,露出了头上的大巾环,是双叠胜的样子。

另一伶人便指着大巾环问:"哎呀,这是什么环?"

对方答:"二胜环。"

这里要作个解释,什么叫"二胜环","二胜环"又有何寓意呢?

绍兴初年,南宋的抗金名将杨存中,其部中军旗有双胜交环,谓之"二胜环",谐音"二圣还",也就是打败金军"两圣归来"之意。"两圣"也就是"两宫",是指宋徽宗、宋钦宗二帝。靖康之耻中,二帝被金人掳走,成为俘虏,南宋官民都盼着高宗有所作为,收复中原,把两位皇帝迎回来。因此,"二胜环"所寓之意,是与当时抗金斗争有直接关系的,而今君臣满足于偏安江南,沉溺于歌舞升平,直把杭州作汴州。

也就是在这个节骨眼上,参军露出了头上的"二胜环"发型,另一伶人顺势打了一下他的脑袋,道:

"你只知道太师交椅上坐着,收取银绢例物,却把这个二胜环丢到脑后了!"

此话一出,满座失色。

秦桧大怒,第二天就把两个伶人抓捕投入大牢了。

一个表演诙谐剧的没有什么地位可言的伶人,在那样的盛大场合,居然敢当面用节目来讥讽秦桧,说秦桧把收复中原的大事置之脑后,只顾坐"太师交椅"争权夺利——实在太有勇气,太了不起了。

伶人下场如何可想而知,当然很惨,说是死于狱中。

这个故事,记录在岳珂著的《桯史》之中。岳珂是岳飞的孙子。[1]

---

[1] (宋)岳珂:《桯史》,北京:中华书局1981年版,第81页。

许多年后秦桧去世,高宗赐给他的宅第也被收回,改造成了德寿宫,成为高宗自己退休养老的场所,而岳飞也在孝宗手上平反。秦桧自己也许想象不到,在身后他将会永远"活"在民众的唾弃中,数百年后,他的铁塑像还会一直在岳飞坟前跪着。他更想象不到,后世人们还会流传一句话,"人从宋后羞名桧,我到坟前愧姓秦"。

而南宋伶人用自己的生命演出的一幕脱口秀,也足以被世人铭记。

临安,作为南宋一朝全国文化艺术的中心,诗词、书画,自不必说了——整个宋代都是巅峰。戏曲(杂剧)、曲艺(说唱)、歌舞等艺术门类,在南宋临安也甚是繁荣。

这从当时杭州的瓦舍数量可以看出来。

瓦舍者,谓其"来时瓦合,去时瓦解"之义,易聚易散也。瓦舍也叫瓦肆、瓦子、瓦市,理解成"戏曲歌舞一条街"也可以,就是各种技艺表演、杂剧演出的场所。

瓦舍内设有酒肆、茶坊、食店、摊铺、勾栏,勾栏里的商业演出,每天都有杂剧、滑稽戏、讲史、歌舞、木偶戏、皮影戏、魔术、杂技、相扑等娱乐节目。这些在北宋的东京就有,到了南宋的临安,数量远超东京,《梦粱录》记杭州瓦舍城内外合计有17个;《武林旧事》记载的有23个;《西湖老人繁胜录》则收录了25

■（南宋）佚名《杂剧〈卖眼药〉图》

个瓦子的名字,其中北瓦最大,有勾栏13座。

这里详细列出勾栏节目与艺人的名字:

两座勾栏,专说史书:乔万卷、许贡士、张解元。

背做莲花棚,常是御前杂剧:赵泰、王㮀喜、宋邦宁、何宴清、锄头段子贵。

弟子散乐,作场相扑:王侥大、撞倒山、刘子路、铁板踏、宋金刚、倒提山、赛板踏、金重旺、曹铁凛,人人好汉。

说经:长啸和尚、彭道安、陆妙慧、陆妙净。

小说(说书):蔡和、李公佐、女流史惠英、小张四郎。其中,小张四郎一世只在北瓦,占一座勾栏说话,不曾去别瓦作场,人叫作小张四郎勾栏。

此外,有勾栏合生(艺人应观众要求现场"指物题咏")、覆射(猜物游戏)、踢瓶弄碗(杂技)、杖头傀儡(杖头木偶)、悬丝傀儡(提线木偶)、使棒作场、教飞禽、打硬、杂班、水傀儡(水上木偶)、影戏、说唱诸宫调、谈诨话、散耍等曲艺杂技,皆有名有姓,一应俱全,可以想见彼时夜生活的丰富。

13座勾栏走下来,没有一个地方能让人闲着。此外,城外有20座瓦子。

以上这些,都是在《西湖老人繁胜录》里记录的,简直是花样繁多,应接不暇。①

---

① (宋)西湖老人:《西湖老人繁胜录》,见于《南宋古迹考》,杭州:浙江人民出版社1983年版,第113页。

又据《武林旧事》载，"舞绾百戏"联袂献演时，岸边船上"熙熙攘攘，人影杂沓"。瓦舍中上演的歌舞节目多姿多彩。另外，别具异域风采的少数民族歌舞，也在临安瓦舍登台表演，如鞑靼舞、舞番乐等。那时候杭州百姓"深冬冷月无社火看，却于瓦市消遣"。

临安城的娱乐业，无论从勾栏瓦舍的数量、百戏名目，还是从业艺人数量来看，都远非其他城市能及。

在诸般技艺中，"百戏伎艺"和"角抵"（相扑）可谓杭城娱乐业中非常突出的一大特色。而南宋的杂剧，已经有了完整的戏曲结构，出现了真正意义上正规戏剧的雏形，因此南宋也是中国戏曲的黎明时分。

徐渭在《南词叙录》中说："南戏始于宋光宗朝。"诞生于南宋的南戏，人所公认，是中国戏曲之祖。

高宗喜欢看戏观舞，德寿宫里也是经常有杂剧演出的。不仅杂剧，其他歌舞、杂技、百戏之类，也是极为频繁。

周密在《齐东野语》中记载过一个"菊部头"的故事。高宗时，宫中有个伶人叫"菊夫人"，善歌舞，妙音律，为仙韶院之冠，宫中都称她为"菊部头"，然颇以不获际幸为恨，既而称疾告归。当时的宦官陈源，以厚礼聘归，蓄于西湖的适安园。一日，德寿按《梁州曲舞》屡不称心，提举官关礼知上意不乐，因从容奏曰:"此事非菊部头不可。"上遂令宣唤,于是菊部头再入宫中,陈源为此感伤不已,久而成疾。有某士者颇知其事,演而为曲,名之曰《菊花新》以献之,陈大喜,酬以田宅、金帛甚厚,其谱则教坊都管王公谨所作也。陈每闻歌,辄泪下,不胜情。这座适安园,后在孝宗时期被收入重华宫,改名为小隐园,后来孝宗赐给张贵妃,改建为永宁崇福寺。①

不妨大胆猜测,高宗退居德寿宫后,"菊部头"应该也还在宫中歌舞。按周密所记故事,适安园就在德寿宫附近。而今,杭州仍有一座小隐园沿用了旧名,只是远在杭州花圃,是杭州一处观赏菊花、展示菊花文化的特色景点。

由此也可以看出,南宋时期,音乐、舞蹈、戏剧都是十分繁盛的,宫廷之内歌舞不休。正如前面提到的"二胜环"这个杂剧故事一样,作为以滑稽讽刺的手法表达内容的杂剧,其本身多夹杂讽刺时政的内容,颇具有尖锐的锋芒。这种艺术的内容本身与演出过程,都具有一定的风险性。

相比于唐代,宋代文学的突出特点是平民化,宋代出了众多文学家,大量诗、词、文作品流传于世,成为中国传统文化的瑰宝。在这之后,戏剧曲艺也成为文化艺术里的重要部分。文艺与生活的关系更为紧密,很多作品符合平民趣味,雅俗共赏,

---

① (宋)周密:《齐东野语》卷十六《菊花新曲破》。

在百姓中流传甚广。

宋朝的书法方面,有四位杰出的书法家:苏轼、黄庭坚、米芾、蔡襄,他们注重书法的意境,用笔灵活,字里行间情感饱满,史称"宋人尚意"。此外,宋徽宗的"瘦金体",及文彦博、王安石、司马光等人的书法也别具一格。绘画方面,"南宋四家"李唐、刘松年、马远、夏圭表现出水墨苍劲的画风,别具一格。

作为艺术家,宋高宗自己就极其热爱书画艺术,他"访求法书名画不遗余力,展玩摩拓不少息"。学界还有一种说法,在德寿宫不远的望江门一带,宫廷画院重建后,汇聚当时名家巨匠。在德寿宫退养的宋高宗,时常来到画院,与画士交流,或挥毫作画。南宋画院存在100多年,有姓名可考的画家数十人,诸多画家留下佳作如云,传至今日的宋画作品,被世界各地的知名博物馆收藏。

书画艺术也融入民间百姓的日常生活。据《梦粱录》《武林旧事》等记载,当时南宋画院画家的作品,并非束之高阁,而是渗透在这座城市的市民生活的角角落落,茶肆酒楼,宴会壁画,都有屏风、画帐、书画陈设。

而在工艺美术方面,宋代的瓷器,以官、汝、哥、钧、定五大名窑为代表,各地瓷器层出不穷,金器、漆器工艺精湛,丰富多彩。雕塑、织绣等也都留下了相当多的艺术品。

若是能穿越到800多年前的南宋,去感受几天的南宋生活,去簪花饮酒,点茶焚香,去看看书画家们怎么泼墨挥毫,看看德寿宫的高宗怎么叫的外卖,再去勾栏瓦子喝喝夜酒,吃吃夜宵,看两场杂耍百戏,一杯一杯复一杯,不知不觉醉去,应该是一件非常快乐的事情吧。

历经800多年时光,杭州至今依然是一座文艺之城,而且是一座比当年的临安文艺氛围更加浓郁的城市。

2021年5月的一天,著名喜剧演员陈佩斯带着儿子陈大愚和话剧作品《托儿》,回到杭州红星剧院来演出。杭州一家媒体在采访陈佩斯时问:"你认为,如何通过戏剧作品再现南宋生活场景,传承宋韵文化基因?"

"我想起了你们的民间传说《白蛇传》。在南宋,《白蛇传》就是一个标准的喜剧结构。观众都知道白娘子是蛇妖,只有戏中人蒙在鼓里,非常有喜剧点。再看《西厢记》,也充满了喜剧色彩。"①

陈佩斯说,"我想首先,我们要认清自己的戏剧传统文化里有什么。当知道自己身后有着强大的历史和文化作支撑,信念就会不一样。"

这座剧院距离德寿宫遗址并不遥远,宋高宗和孝宗也可以穿越过来,来看看今天这座城市的演出。杭州剧院、杭州大剧

①《携手陈佩斯打造"喜剧剧场" 杭州这家重新开业的剧院惊喜不断》,《浙江日报》2021年5月28日。

院,一座在武林,一座在钱江新城,很多戏剧都在这两座大剧院里上演。更多的演出则在遍布全城的小型剧院里展开,它们几乎是散落在大街小巷,遍地开花。倘若有人走进一条小巷,忽然听到一段咿咿呀呀的唱腔,那也无须惊讶,只要静静聆听——那是这座城市在当下一刻的文化韵味及日常风雅。

第七章

解码宋韵

德寿宫的讲述者

弄潮儿向涛头立，

手把红旗旗不湿。

——［宋］潘阆《酒泉子·长忆观潮》

城 门 开

"当我们步入德寿宫时,请想象一下,高宗出来迎接,为我们打开大门……"

无数的人来到这里,在2022年的夏天。这座重新生长出来的建筑,德寿宫迎接来自世界各地的人们好奇的探访。这是一座建筑对于当下和未来的邀约——是的,一起来看看吧。

再现的德寿宫,一座在时光中重新矗立的历史建筑,一个由当下目光、当下工匠、当下技术凝结的文化符号。这是一个文化的载体,是一座以当下语言重述800多年前南宋故事的时空隧道。

建筑物只是个盒子,盒子里面装着什么?

"将一座建筑描述为美的……不单单是一种纯粹的美学趣味:它也意味着受到这幢建筑通过其屋顶、门把手、窗框、楼梯和家具所鼓励的一种特定生活方式的吸引。我们感觉到美,也即意味着我们邂逅了一种对美好生活所持观念的物化和体现。"

英国作家阿兰·德波顿在《幸福的建筑》一书里这样说,他的意思很简单——建筑是一种生活方式的承载。

同样,当人们走进德寿宫这个特定空间,恐怕也是被南宋所代表的那个时代所吸引吧。

那个时代,有雄浑苍凉、静水深流的家国情怀,也有空前发展的文化艺术,有高度繁荣的经济和对外贸易,也有长足进步的科技创新,有奠定宋代文明的教育基石,更为后世留下不可估量的物质和文化遗产……

怎么让走进德寿宫的人们,能更好地感受、触摸那个时代,与那个时代来一场沉浸式的接触?

至写作本书时,这座南宋的北内宫殿遗址完成考古发掘的只是其中的一小部分,大部分仍深藏地底,什么时候能完成全部发掘还是未知数。德寿宫后苑的园林如何,高宗和孝宗他们是如何生活的,他们在寿宴上怎么饮酒——诸如此类的问题,需要专门的人去复原研究。

时间——选取德寿宫初期,即绍兴三十二年(1162)至淳熙十四年(1187)宋高宗居住于德寿宫的25年为研究时期;

空间——选取德寿宫大殿和后苑园林的生活为复原空间;

研究方法——以出土实物、文物遗存、相关文献和图像资源为依托,围绕"物"——德寿宫的陈设家具及器具、"事"——发生在德寿宫的事和相关的人物形象及礼仪动作、"景"——德寿宫园林场景及相关植物三个内容展开……

通过这些研究,提炼出德寿宫"数字化建模"所需要的素材,配合数字化的虚拟情境展陈。

事实上,虽有零碎散落的文献、若干考古发掘的实物可供参考,但要真正还原出那个时代的生活细节,还是难度极大的事——这是基于宋式审美、新中式美学的再创造。简单来说,就是要让800多年前的南宋德寿宫里的一切"动"起来,最好一切都仿佛是那个时代的情景再现。

"博物馆既是一个收藏和科学研究的机构,更是一个把专业知识公共化的机构。"浙江大学艺术与考古学院教授、博导严建强,在一次公开讲座时说,博物馆的工作,第一个环节是"解码",这是科学研究的过程;第二个环节是"重新编码",即把研究成果转化为公共知识,这是科学普及的过程。

在做好保护德寿宫遗址的同时,修建一座南宋博物院,向公众做好传播,其意义正在于此。从20世纪80年代初,人们在杭州望仙桥到新宫桥之间的中河东侧发现一条南宋时期的砖砌道路开始,到如今德寿宫遗址和博物馆的开放展示,将近40年,这是一座城市对于南宋历史文化研究的阶段性成果。

德寿宫的变迁史,正是一座城市的进化史。

如何以直观生动的叙述,讲好德寿宫的故事,展示小组动了许多心思。杭州博物馆副馆长许潇笑,全程参与指导德寿宫

■（北宋）王希孟《千里江山》（局部）

的展陈。她最重视的部分,是人们走进这座博物馆时将有什么样的体验。

一方面,德寿宫的土遗址,本身可看性不算太高;另一方面,人们被各类爆炸性、刺激性的信息所包裹——这为德寿宫如何"讲故事"提出了更高的挑战。

怎样才能让人沉浸式地观看展览,从而获得丰富的内心感受——数字化因此成为重要的手段。在德寿宫,数字影像的虚拟空间与现实世界的物理空间相辅相成,共同塑造了一个特别的心理空间。在这里,观者可以让想象放飞,放情绪起舞,从而透过眼前的事物,"穿越"到遥远的过去与未来。

增强现实(Augmented Reality,简称AR)技术会在德寿宫遗址上呈现。这是一种将真实世界信息和虚拟世界信息"无缝"集成的新技术。比如,原本在现实世界的一定时空范围内很难体验到的实体信息,如视觉、声音、味道、触觉等,通过数字模拟仿真后再叠加到真实世界,被人们的感官所感知,从而达到超越现实的感官体验。

也就是说,真实的和虚拟的事物将在同一时空中存在。比如,在德寿宫遗址上的方亭,一场800多年前的茶事即将开始,人物和陈设都真实得触手可及。光影投在斑驳的历史遗迹之上,茶亭、茶香、古人的言语与服饰都是虚拟叠加的,此刻你却身临其境,既能闻其声,又能闻其香,身边一切真实又清晰,如同一个梦境。

正是如此,德寿宫就是一个梦境,在这个梦境里装载着一个个故事,所有的故事串起来,就是一个关于南宋、关于家国的大故事。

在过去的若干年里,宋高宗赵构留给世人的,都是一个众说纷纭的背影。回望宋高宗的一生,的确充满了命运的不确定感——但恰恰是在这种极度的不确定之中,风雨飘摇的南宋朝廷终究才稳了下来。

偏安乞和也好,委曲求全也罢,到底是战略上的审时度势、韬光养晦,还是个人精神上的"佛系"与"无为"?抑或是无能恐金,妥协偷生?——历史任由后人评说。退回到一个"人"的尺度,退回到一个身怀顶尖艺术修养的人的角度,他的选择,如何评说才是恰如其分的?

恐怕没有人能给出一个"恰如其分"的评说了。一个经历过九死一生的人,恐怕会更加珍惜来之不易的安稳;也正是这样的安稳,才为天下生民赢得了一线蓬勃的生机。

无疑,赵构并非是个无能的昏君,否则不管如何决断,他都无法摆平各种各样的内部纷争与博弈。即便退至德寿宫之后,他也依然强力地左右着时局,让南宋的稳定持续了100多年。而这样的忍辱负重与审时度势,他又何尝不知,会给世人留下怎样的话柄。

（宋）刘松年《书汉图》

"如果没有强大的内心,这一切都将是很难做到的。"

每一次走进德寿宫这片土地的时候,姚春宇都会下意识地想起德寿宫前主人宋高宗——在此之前,也许没有一个建设项目让他投入过如此多的情感和心力——所有的建设都只是理性的工程而已;但德寿宫不一样。

德寿宫项目有它的时代意义和价值,同时,作为临安城遗址综合保护利用的开篇之作,德寿宫将提供至为重要的实操经验。而杭州人骨子里对于这座城市的精神文化的巨大认同,也成为德寿宫再现的依据——不管对于800多年前的南宋,还是对于800多年后的今天,德寿宫都有着举足轻重的作用。

作为德寿宫遗址保护展示工程建设的副总指挥,姚春宇每天会踏进这片土地。他无数次想象过赵构在这里生活的场景,想象赵构这个人的面貌与他的一生。每个人的生存都是一个巨大的难题——对于宋高宗赵构来说,这个问题同样存在。

"这片土地是有力量的,"姚春宇说,"你相信吗,人与人,人与物,都存在着一个良性互动的过程。当我踏上德寿宫这块土地的时候,每次都能感受到一种力量。我每天都在这里开会,至今开过166次例会了,而且每天还在继续——我相信,德寿宫这个项目,这件事,对于所有参与其中的人来说,都会是一种滋养"。

每个人的一辈子,可能都在寻找一个机会,可以把自己的生命投入进去而不求回报地去做事。德寿宫项目上就是这样的事。做这样的事,在精神上获得的东西,会大于你的想象。

"临安这片土地滋养了中兴圣主,同时南宋也成就了杭州前所未有的发展高度,泽被后世。新老杭州人都应该讲,也必须讲好这个故事。"

电闪雷鸣之中,一场未被预知的海上风暴携带滔天恶浪扑向一艘孤独的商船。商船上巨大的桅杆被折断,海水灌进了船舱。商船满载着瓷器与丝绸从泉州港出发,而此刻,它恐怕已无法完成驶往东南亚的使命,船长命令所有人立刻把瓷器抛入大海,但是已经来不及了,船身开始不可遏止地倾斜……

800年后的2007年12月,一艘巨大的南宋沉船被整体打捞出水。它被命名为"南海一号",是迄今为止发现的年代最早、船体最大、保存最完整的古代远洋贸易商船。

然而它可能算不上是从大宋港口驶出的最大商船。

有资料显示,南宋时期往来于印度与中国之间的海上大船,都由中国人在驾驭。那些船通常都是"巨无霸",一艘船可载1000人,内有水手600人、兵士400人。这些商船都在泉州和广州的船厂被制造出来的。

宋代的造船业之发达令人惊叹,它们是南宋海上贸易的见证者。如果说,中国历史上有过辉煌的大航海时代,那这个时代一定是宋代。①

宋人还开创了水密舱技术,发明了平衡舵、升降舵等船舵,安装舭龙骨,大大增强了船只在航行过程中的安全稳定性。经济重心南移之后,南宋开辟了古代中国东西方交流的新纪元,通过官办和私营两种途径,大大扩展了海外贸易,形成了南宋万余里海岸线全面开放的新格局。

季风和洋流到来时,南宋的商船就将起航前往高丽或日本。但这只是目的地之一。两宋的海外贸易是大规模和全方位的,传统的说法包括东洋、西洋和南洋。东洋就是朝鲜半岛和日本列岛。南洋指东南亚各国和各地区。西洋则指印度洋及其以西,包括被叫作东大食海的波斯湾,被叫作西大食海的地中海,还有东非和西北非。②

南宋的商船,从东南沿海出发,乘风破浪驶向南洋、西洋和波斯湾、地中海,及至东非海岸,史称"海上丝绸之路"。想象一下,这是一个多么巨大的贸易圈。中国商人的船队,已经能漂洋过海,到达当时能够到达的最远的地方。商船上满载着瓷器、丝绸、茶叶等物产,尤其是瓷器。这些物产通达海外,风靡世界。荷兰、葡萄牙商人最初将瓷器贩运到欧洲时,瓷的卖价

① 吴钩:《风雅宋:看得见的大宋文明》,桂林:广西师范大学出版社2018年版,第484页。
② 易中天:《易中天中华史:风流南宋》,杭州:浙江文艺出版社2018年版,第80页。

几乎与黄金相等。

据宋赵汝适《诸蕃志》记载,宋代的瓷器运往全球50多个国家,最远的地方,包括非洲的坦桑尼亚等地。

这种盛况,不仅唐代未见,就是明清亦未能再现。

宋朝是当时世界上发明创造最多的国家,也是中国古代科技史上的黄金时期,中国历史上一半以上的重要发明都源自宋朝。

《中国科学技术史》的作者、英国学者李约瑟曾说:"对于科技史家来说,唐代不如宋代那样有意义,这两个朝代的气氛是不同的。唐代是人文主义的,而宋代较着重科学技术方面……每当人们在中国的文献中查找一种具体的科技史料时,往往会发现它的焦点在宋代,不管在应用科学方面或纯粹科学方面都是如此。"[1]

这一时期涌现出了为数众多的卓越科技人才,既有博闻广识的科学家沈括,也有专擅一门的天文学家苏颂、数学家秦九韶、建筑学家李诫、农学家陈旉等。中国的四大发明中,火药、指南针、印刷术三项都在宋代得以完成。宋人改进了火药的配方,在南宋出现的管形火器,堪称近代枪炮的鼻祖。指南针的

---

① 吴钩:《风雅宋:看得见的大宋文明》,桂林:广西师范大学出版社2018年版,第502页。

发明,为航海提供了有力的技术保障。活字印刷术的发明,使得宋代印刷业兴盛起来,宋版书籍刻印精良,为后人所称道。

宋代的医学、冶金技术,同样取得了长足的进步,同样的,宋代的建筑水平之高超更是令后人瞩目,一部《营造法式》在中国建筑史上占据了崇高的地位。

与此同时,南宋的文化、艺术极为昌盛,灿烂辉煌。李清照、辛弃疾、陆游、朱熹等,众多文人名士纷纷涌现。国学大师陈寅恪说:"华夏民族之文化,历数千载之演进,造极于赵宋之世。"

南宋尊奉北宋"与士大夫共治天下"的祖训,以儒立国,优礼文士,以致思想流派纷呈,形成了继春秋战国之后中国历史上第二次"百家争鸣"的盛况;文学上,宋词在南宋达到鼎盛,宋诗在唐诗之后开拓了新境界,宋代还是中国绘画史上的鼎盛时期,标志着中国中古时期绘画的高峰,这一时期,也被学界称为"东方的文艺复兴"。

在这些纷繁成就的表象之下,更让人激情澎湃的,是南宋这130多年的历史时期里涌现出的爱国主义主旋律。为南宋博物院(一期)撰写展陈文稿的张倩,为如何在有限的篇幅内向观众讲述南宋故事绞尽脑汁,"熬白了好多根头发"。张倩的脑海中,久久激荡的是南宋这一时期无数文人志士对理想的追求。她认为宋韵的核心,就是这个时期文人的风骨与不屈的气节。在展陈文稿中,她在一个重要单元呈现了南宋5位人物的故事,岳飞、李清照、虞允文、辛弃疾、文天祥,一个人物,一个故事,映照出南宋那片历史天空里的残阳如血、熠熠星辉。由此,从德寿宫这座北内皇宫的一隅,灿烂光华连接起的,是南宋那个慷慨激昂、气壮山河的时代。

德寿宫,作为南宋的一扇窗口,既是南宋宫廷政治、文化、艺术、生活美学的展示之地,更是观察整个宋代政治、经济、文艺、科技面貌的一扇窗口;既是透视南宋君臣、文人士大夫生活方式的一扇大门,更是通往整个南宋时期,临安城与民众生活的一条大道。

德寿宫的大门打开,也是杭州城门的打开。穿过这扇历史的大门,人们步入德寿宫,步入800多年前的大宋王朝,也步入一座城市深厚文明的历史长河之中。

南宋临安城,我们今天已经看不出它的样子了,但它并没有消失,而是在我们的脚下。南宋的余韵依然流淌在这座城市的每个角落,润泽着当下人的日常生活。

以前有人认为,南宋是一个极度羸弱的时代,内忧外患,积贫积弱;南宋朝廷抱残守缺,不思进取。其实,是人们对那个时代还没有足够和深入的了解。不可否认,南宋朝廷有它局限与无力的一面,但南宋一朝在中国历史的文明进程中,在思想、制度、经济、社会、民众生活、文学艺术、建筑、宗教等诸多方面，创造了属于它的那份伟大与光荣，也留下了值得骄傲的记忆，那是一个具有多元包容、百工竞巧、追求卓越、风雅精致的文化气象的时代。

"如果人们对于南宋还不够了解，那也是因为今天我们还没有讲好南宋的故事。"

著名考古学家、浙江省文物考古研究所副所长郑嘉励，深入思考总结提炼了"宋韵"的八句话，"我们要讲述的宋代故事，都在这八句话里头。宋代在今天，具有重大的现实意义"。

这八句话是——浩然正气的爱国主义，以天下为己任的士大夫精神，经世致用的"浙学"思想，放眼天下的海外贸易，典雅敦厚的士大夫生活美学，丰富多元的市民生活，奠定后世审美范式的文化艺术，以三大发明为代表的科学技术。

郑嘉励长期从事浙江地区宋元考古和研究，在一次接受《钱江晚报》采访时，他给出了这八句话。他说，"在南宋一代，文官不爱财，武将不怕死。南宋的历史从岳飞开幕，中间有陆游、辛弃疾，到文天祥收尾，很多故事都可以从这里生发，这也是历史的真实，他们的浩然正气，对中华民族心理的正面影响和感召力，远远超过了军事上的失败。这是南宋军事、政治历史的最重要的主题词"。

宋代的士大夫精神，更代表了那个时代最高尚的政治理

■〔宋〕马远〔传〕《雕台望云图》

想。他们先天下之忧而忧,后天下之乐而乐,不是为自己的小我而担忧,而是以天下为己任——我们可以用张载那句著名的话来表达:为天地立心,为生民立命,为往圣继绝学,为万世开太平。这应该也是宋韵需要突出的精神内核。

此外,南宋的理学思想、海外贸易、生活美学、市民生活、文化艺术、科学技术,都深深地影响了后世。南宋的社会环境,创造了东方的思想与生活,也塑造了东方的美学新高度。它的流风余韵,至今依然滋养着杭州这座城市,以及今日人们的生活。

定 风 流

从德寿宫出来,穿过静静流淌的中河与车水马龙的街道,就到了几步之遥的南宋御街。在鼓楼旁边,有一家古色古香的书店:南宋书房。这是由建筑师王澍操刀设计,融合过去、现在和未来元素,蕴含南宋文化底蕴的一家书店,或者说,是一家涵盖书店、文化创意馆、艺术咖啡馆、文化大讲堂等多种业态的"复合书店"。

南宋书房的"藏书阁",收藏了很多古籍珍本善本,而南宋文化相关文献和图书则是这家书店的特色,既有陈列,也有销售,涉及历史、科普、艺术、小说、诗词等方面,如《宋史》《宋词》系列、《南宋全史》《南宋文学史》《南宋科技史》《西湖文献集成》《陆游研究》《南宋皇城记忆》《宋画全集》等。

在书店,时常能遇到跟南宋主题相关的文化活动。有一次我在鼓楼附近闲逛,步入书店时,正好偶遇学者姜青青在作南宋文化讲座,题目为《宋韵是什么韵味》。现场有数十名书友和听众,正听得津津有味。

去登一回吴山，寻一趟"有美堂"。吴山上大树郁郁葱葱，气象森然，七八百岁、上千岁的古树有好些。山上有一块"有美堂记"碑，碑附近有一棵宋樟，树干粗大，要三四人方能合抱。"有美堂"，何美之有？说的是宋仁宗嘉祐二年(1057)，梅挚任杭州太守，仁宗《赐梅挚知杭州》诗中写："地有吴山美，东南第一州。"梅挚感激天子赐诗，在吴山建了"有美堂"，并请欧阳修写了一篇《有美堂记》。其中有一段话："夫举天下之至美与其乐，有不得兼焉者多矣。故穷山水登临之美者，必之乎宽闲之野、寂寞之乡，而后得焉。览人物之盛丽，跨都邑之雄富者，必据乎四达之冲、舟车之会，而后足焉。盖彼放心于物外，而此娱意于繁华，二者各有适焉。然其为乐，不得而兼也。"

有美堂独处吴山之高处，可得山水之美，也得繁华之盛，真乃快事。有美堂现在没有了，欧阳修也不在了，唯《有美堂记》留了下来。吴山上的宋樟不言不语，悄悄见证这一切。

往南走，沿着御街，穿过南宋太庙，可以去凤凰山麓找一找南宋大内皇宫的遗迹。凤凰山脚下附近人烟密集，生活味很浓。穿越丛林，沿山路登凤凰山，大内的皇家气象似仍可遥遥感受。当年此地高墙红檐，鳞次栉比。而今密林残垣，甚荒凉哉。在凤凰山上举目四望，钱塘江在前，征帆点点，远山绰约；西湖在后，波光山影，柳堤烟树；东望城郭，西眺群峰，杭州的山

■（宋）佚名《十八学士图》（局部）

川江湖美景,尽收眼底。

将台山,老百姓叫它"御教场"。南宋时是御林军的"殿前司营",亲军驻扎护卫皇城的营盘所在。宋孝宗与后宫嫔妃,也常到将台山习武、射箭和检阅兵将。

沿此路一直往上,可以直通凤凰山上的月岩。这里便是当年皇宫的后花园。在青翠的丛林中,那一片石林玲珑奇巧,石壁削立,假山叠嶂。一块四五米高的岩石顶部,有一个孔洞,30多厘米宽。那便是月岩。据说,每当明月当空之时,月光穿过石洞,照在清池中,月光满池,这便是当时皇帝与嫔妃的赏月佳处。若是八月十五中秋之夜,从8点多钟到10点多钟,天上一轮明月,月光投照下来,正好从这孔洞中穿过,投映在止水当中,又是一轮明月。

那时的高宗皇帝和他的嫔妃、大臣,中秋应该会在这月岩赏月了。举头望明月,低头思故乡。斯时游牧民族强敌入侵,中原沦陷,他被迫背井离乡,一路逃到江南,定都于杭州。此时琴声呜咽,睹月思乡,皇帝大臣心中,都不由平添几许离愁。

"胜果寺左,山有石壁削立,中穿一窦,圆若镜然。中秋月满,与隙相射,自窦中望之,光如合璧。秋时当与诗朋酒友,赓和清赏,更听万壑江声,满空海色,自得一种世外玩月意味。"[1]

———————————————

[1] (明)高濂:《四时幽赏录·秋时幽赏》。胜果寺又作圣果寺。

■（宋）刘松年《秋窗读易图》

再去八卦田看看油菜花吧。"八卦田看菜花"也是高濂在春天的保留节目。"宋籍田,在天龙寺下,中阜规圆,环以沟塍,作八卦状,俗称九宫八卦田,至今不紊"。[①]在800多年前的南宋,这儿可是皇家的籍田。每年的立春,高宗皇帝就在这儿亲自耕田,既是一种带头示范,也是一种祭祀仪式,保佑天下风调雨顺,五谷丰登。民以食为天,国家每年的大事里,农业算得头一件,岂能大意。

如今,八卦田成了离杭州市民最近的一块农田。按照四时节气,这里依然轮作种植水稻、荞麦、大麦、小麦、蚕豆、绿豆、茄子、红辣椒、四季豆、土豆、萝卜、油菜等作物。四季之中来到八卦田,各有不同的景色,春有菜花,夏有蔬果,秋有番薯,冬有萝菘,可以说是四时皆美。

壬寅年(2022)的春天,八卦田油菜花的开放没有因为疫情而稍有迟缓,照样开得轰轰烈烈。有所不同的是,八卦田的管理者这一年引进种植了多彩油菜花,花色除普通的黄色外,还有金黄色、淡黄色、橙色、淡粉色以及淡紫色。

看了八卦田的菜花,再去八卦田旁的南宋官窑博物馆"打个卡"。曾经辉煌的南宋官窑,现早已经消失,而官窑遗址尚在,一个是老虎洞窑址,一个是郊坛下窑址。南宋官窑博物馆,

---

① (明)田汝成:《西湖游览志》,北京:东方出版社2012年版,第68页。

是中国第一座在古窑址旁边修造的专业陶瓷博物馆。去看看南宋官窑那令人惊艳的青瓷吧,造型古朴典雅,粉青釉晶莹润泽,犹如美玉;器口及底部露胎处呈灰或铁色,称"紫口铁足"。南宋官窑的器物,线条是那般的简洁优美,颜色是那般的素朴沉静,釉面上的开片裂纹又是那样耐人寻味。这一抹风雅之美,真可谓是中国陶瓷美学的巅峰。

在馒头山路古凤山门附近,一间空旷的工作室里,南宋官窑瓷制作技艺代表性传承人金益荣蹲守在炉子前,又一批作品在经历火焰漫长的煅烧之后即将出炉。窑门开时,叮叮当当的声响不绝于耳,这是釉面开片的声音。南宋官窑的瓷器,釉面上绝大部分都有疏密不一的开片纹路。这种本来是工艺缺陷导致的瑕疵,反而造就一种极为独特的美,成为南宋官窑产品的重要特征,为后世代代追慕与模仿。

南宋官窑的青瓷,在造型上推崇古朴典雅、敦厚玉色之美。器物造型极简,线条柔和流畅,转折明快,结构规整,比例和谐,整体气质既端庄凝重,又轻巧细腻。南宋官窑青瓷的釉色,类似玉质般的粉青、天青等色泽,尤其是在中后期,以薄胎厚釉为主,一层层上釉之后烧制而成。丰厚的釉层,呈现出典雅柔和的色泽。

南宋官窑青瓷的审美,与当时以皇帝为代表的士大夫阶层的审美水平紧密相关。士大夫雅集高会,烧香点茶,抚琴插花,

318

■ （北宋）赵佶《摹捣练图》（局部）

吟词作画。南宋的美学高度,使得青瓷的审美追求极简、沉寂、幽玄、寂静之美。

宋朝的风雅,正是在宋词、宋画、宋瓷之中得以保存至今。南宋官窑的青瓷,看起来简单,背后却需要极高的美学沉淀。老金也正是在一次又一次的尝试之中,开始追求器物在造型、颜色、气韵上那精深幽微的差异。他用了20年,才渐渐摸索出南宋官窑青瓷的烧造技艺。觚、盏、盏托、纸槌瓶、折肩瓶、梅瓶……一件件器物,都是比照出土的南宋器物进行仿制的,从器形到釉色、气韵,老金常与一件器物默然相对很久,物我两忘。

去市井找找吃的吧,杭州的街巷深处都会有的小吃——葱包烩(桧)、定胜糕、蓑衣饼。

吃葱包烩(桧)是为岳飞报仇,因为葱包桧里包的油条——油炸烩(桧),也就是油炸大奸臣秦桧。秦桧陷害了岳飞,因此遭世人恨,不仅被油锅炸,还被铁板烤,被人咬牙切齿地嚼。江南人平日里轻言细语,谨小慎微,在油炸烩(桧)这个小吃上,却十分豪情,吃一副油炸烩(桧),也算是勇敢地表达了自己的善恶观和价值观。

定胜糕,也是跟南宋有关。想当年,金兀术的十万兵马在杭州城里骚扰,被杭州军民打得直往苏州方向逃窜。驻防在江苏松江的南宋名将韩世忠,得到金兵要北逃的消息后,马上和夫人梁红玉率领八千人马赶到太湖边,阻截金兵的退路。结果金兀术讨来救兵,韩军寡不敌众,退至太湖岸边,正茶饭无心、夜不能寐时,忽有杭州民众送来糕点。只见那糕点两头大,当中细,蛮像个定榫。秘密就藏在那糕中。韩世忠掰开那糕一看,里面有一张小纸条,上有四句话:"敌营像定榫,头大细腰身。当中一斩断,两头连不成。"于是,韩世忠果然照此将金兵拦腰截断,然后打了个大胜仗。就这样,这个糕点就被叫作了"定胜糕",流传至今。现在去河坊街,一定能找到一面大旗上书"南宋定胜糕"几个大字,旗下一定有人排队。腾腾蒸气中,必有定胜糕刚刚出炉。糯米之香袅袅拂来,夹带着桂花的香,飘满一条街。

吴山蓑衣饼,历史也很悠久,号称"吴山第一点"。蓑衣饼也叫酥油饼,它的起源也跟大宋有关。相传五代十国末,赵匡胤与南唐李升交战,被困于今安徽寿县的地方。当地百姓用栗子粉制成酥油饼,给赵军充饥。赵匡胤建立宋朝后,为纪念此事,命御膳房照样仿制,取名"大救驾"。后南宋迁都杭州,世人为借故讽政,便仿制"大救驾",希望南宋朝廷记住开国的艰难,不要丧权辱国。此点以吴山所制最为有名,故得"吴山蓑衣饼"的美名。这种美食层叠繁复,精巧细致,酥香金黄,要吃之时,店员当场撒上一层细细的糖霜。入口咬之,松酥香脆,加之凉津津的糖霜,甜味沁入味蕾,慢嚼细品之时,滋味果然非同一般。

在杭州城里,种种吃的东西很多都跟南宋有关。代代沿袭的传说也好,真真假假的演绎也罢,都跟一个逝去的时代相关,也让人在吃着美食小吃的时候,不免回想一下那遥远而壮怀的时代。

另外,南宋的酒也是可以怀想一下的。南宋的时候,蒸馏酒还没有出现,那时酿的酒大概二十来度,跟现在的黄酒差不多。翻一翻北宋末期的《北山酒经》,我们可以了解到宋代酿酒的工序:卧浆、淘米、煎浆、汤米、蒸醋糜、用曲、合酵、酴米、蒸甜糜、酒器、上槽、收酒、煮酒——这样的酒,武松能连喝十八碗,喝完了再去打老虎。御街的两旁,酒家很多,丰乐楼也好,太和楼也罢,随便走进一家去,就可以喝个酣畅淋漓。

也有当下的人在复刻宋酒——宋酒细分则类目很多,有琼酥酒、瑶池酒、瀛玉酒、雪泡梅花酒,等等,几乎超过100种。江亮是中国红曲酒及南宋酒文化遗产保护与传承人,他和团队一起尝试把宋酒的味道复刻出来,他为这个酒起了个名字叫"蓝桥风月",这名字当然有出处,是宋高宗赵构的吴皇后娘家吴府所酿。当然,南宋的御酒蔷薇露、流香,怕是要走进德寿宫里去,跟高宗或孝宗讨一碗来喝。

此时,还是让我们重新回到德寿宫吧。800多年的时光,似乎早已改变了一切,又似乎什么都没有改变。如今所有的时光,都在这块土地上凝结与呈现。佑圣观路93号的梅石园,那一座小小的公园,一定要再进去看一看。那里原是德寿宫的后苑园林之地——去找一找那块刻有梅花和芙蓉石的"梅花碑"吧,闻一闻几株梅花落英的清香。或许,在这样的梅香里,你能体会到文化的精气神是如何不被时光及世事所消减,从而顽强地流传至今的;甚至还能感受到,这些文化的因子如何随着时光的推移,愈加地显现出它们的力量来。

重新走进德寿宫遗址——那巨大的隐秘的土地;杭州这座千年古都,中国"雅文化"的高地,如今终于借助德寿宫这一个物理时空,沉缓地向世人讲述相隔800多年的中国故事——宋词、宋画、宋乐、宋戏、宋舞、宋服、宋妆、宋瓷、宋丝、宋式建筑、宋式插花,等等,诸多与"宋韵"生活密切相关的领域都在此得以呈现。从宋代传承下来的东西,既有精神的,也有物质的,既包含家国情怀,还包括思想、文化、制度、科技、艺术、经济等诸多具体方面的。这种积淀,越数百年时光,越积越厚,越静越美,终于浸润于这座城市的每一个角落,并外化为每一个人的日常生活的面目。

过去就藏在每个人的脚下。

过去也藏在每个人注视未来的目光里。

而每一位踏访德寿宫的人,都将是这个时代的讲述者。

■（宋）佚名《春游晚归图》

后　记

时隔800多年,不同的人在做着同一件事。

正是因了德寿宫项目,让我有机会近距离观察探访当下的一些人与事。每一个不同岗位、工种,每一个专业领域、专项技术,对于我来说都全然是新的,都需要去学习。而当我弄明白这些之后,我发现了一个基本事实:每个人手上的事情,都那么艰巨;即便如此,每个人都把自己的事情,干得那么好。

因为所有人都在拼尽全力。

在这一点上,我想,我们跟南宋那批人并没有分别。

想想看800多年前的时光,再想想今天。今天跟800多年前似乎已完全不一样了——有了飞机、高铁,有了先进的动力与机械,有了800多年前的人根本无法想象的技术手段与物质条件。但是,今天跟800多年前可能还是一样——今天的人还要吃饭,不吃饭就会饿;今天的人仍然要面临生老病死的困境,仍然要不断追问"活着是为了什么"这种大问题。

所以本质上,尽管朝代在变,外部世界在变,但每个个体所需要解决的根本问题从未改变。

今天的人，在800多年前的德寿宫遗址上挖出一些什么，试图还原从前那一拨人的生活状态。800多年前的人，也许也在这片土地上干着同样的事，他们向着更早的人去寻找答案。

来写《德寿宫八百年》这本书是相当困难的事。在表面极其纷繁、时空体量巨大的题材里，需要找到几扇小门，以便准确地通往想去的目的地。最终我选定了这样一个角度——讲述两个时代的人的匠心。

前人造房子，今天也造房子。前人努力生存，今人也努力生存。前人想把日子过成花，今人也想把日子过成花。由此，我们也就跟古人没有分别了。

从某种程度上来看，800多年前的一部分人，也许比我们更浪漫，更天真，更有想象力；一部分人，也许比我们更纯粹，更坚定，更有满足感。

作家李敬泽在《青鸟故事集》中写道："我的一位朋友宣称，他的梦想是活在宋朝，我估计他所想的正是这个时代，那时大宋王朝由一批哲学家统治，这几乎是柏拉图的'理想国'在人间的唯一一次实现……"

哲学家王阳明说，"人须在事上磨"。

事很难，但每个人都在尽其所能，拼尽全力，就对了。

我想这就是我们要从800多年前继承来的最重要的东西。

让每个人去做他自己——让科学家去研究科学,让酿酒师去酿酒,让皇帝去发号施令,让战士去冲锋陷阵,让画家去画画,让词人去吟风弄月,让闲汉去博彩,让雅士去听琴,让医生去治病,让病人乖乖地躺在床上,让喧闹的喧闹,让浪漫的浪漫,让痛哭的尽情去哭,让欢笑的不要停止他的笑。

德寿宫项目,背后是跨越时代的匠人匠心;是不同时代的人同样的坚持——对自己职业的尊重,对技艺的痴迷热爱和精益求精,对未知世界的探索与好奇,对困境来临时的恪尽己责、坚定执着。

最终,落实到对生活美好的共同追寻上。而这是一代代人前赴后继的事情,后人站在前人的肩膀上。

这是我们的中国故事。

周华诚

2022 年 5 月 3 日

致　谢

　　所有因本书创作而接受采访的专家和老师(有的已在本书中列出名字,有的未能列出名字);对创作给予悉心指导的卓军、黄滋、姚春宇诸先生;为本书作序并审阅书稿、提出修改意见的宋史专家何忠礼先生;为本书作推荐语的知名考古学者郑嘉励老师;为德寿宫纪录短片脚本审稿的胡利红、许潇笑、邓禾颖、姜青青、张倩、黎毓馨等老师;为创作不厌其烦联络采访对象并审校书稿的蓝秀老师;为本书创作提供各种便利的浙江省古建筑设计研究院、杭州市园文局、杭州市文物考古研究所、杭州博物馆、南宋官窑博物馆、上城城投集团、望海潮公司等;为出版此书费心的浙江人民出版社社长叶国斌、编辑潘海林;以及其他未能一一在此列出名字的朋友。